GOLDMANN SCHOTT

Werkmonographien mit Partitur

Der Autor

Wulf Konold wurde 1946 in Langenau bei Ulm geboren. Er studierte Musikwissenschaft, Deutsch, Geschichte und Philosophie an der Universität Kiel sowie Komposition, Dirigieren und Viola an der Musikhochschule in Lübeck und promovierte 1974 mit der Arbeit *Weltliche Kantaten im 20. Jahrhundert.* Er war wissenschaftlicher Assistent an der Universität Kiel, Abteilungsleiter E-Musik beim Saarländischen Rundfunk, Chefdramaturg des Musiktheaters Nürnberg und arbeitet zur Zeit als künstlerischer Berater der Niedersächsischen Staatsoper Hannover und als Lehrbeauftragter an der Hochschule für Musik und Theater in Hannover, außerdem als freier Dirigent und Leiter des „Musica-viva-Ensembles" Hannover. Veröffentlichungen (u. a.): *Deutsche Oper – einst und jetzt*, 1980; *Das Streichquartett von den Anfängen bis Franz Schubert*, 1980; *Felix Mendelssohn-Bartholdy und seine Zeit*, 1984; *Claudio Monteverdi*, 1985, *Bernd Alois Zimmermann,* 1986. In der Goldmann-Schott-Taschenbuchreihe »Werkmonographien mit Partitur« liegt als Nummer 33006, herausgegeben von Wulf Konold, bereits vor: *Ludwig van Beethoven: Sinfonie Nr. 5, c-Moll, op. 67.*

Ludwig van Beethoven

VIOLIN-KONZERT

D-Dur, op. 61

Werkmonographie mit Partitur

Einführung und Analyse
von Wulf Konold

Originalausgabe

Wilhelm Goldmann Verlag

Musikverlag B. SCHOTT'S Söhne

Bildvorlagen wurden zur Verfügung gestellt von der British Library, London (S. 8), vom Beethoven-Archiv Bonn (S. 10f.) und vom Historischen Museum der Stadt Wien (S. 20).

Auf die Wiedergabe von Hervorhebungen in den Zitattexten wurde aus technischen Gründen verzichtet.

Printed in Germany 8/86 · 1. Auflage

Umschlaggestaltung: Design Team München nach einer Gestaltung des Ateliers Adolf & Angelika Bachmann, München, unter Verwendung eines Grundentwurfs von Heinz-Jürgen Kropp, Mainz
Satz und Druck: Presse-Druck Augsburg
Verlagsnummer: 33099
Lektorat: Lothar Friedrich/Norbert Henning
Herstellung: Gisela Ernst
ISBN: 3-442-33099-8

Inhalt

Einführung und Analyse

Zur Überlieferung des Notentextes

Die Quellenlage des Violinkonzertes op. 61 scheint auf den ersten Blick verhältnismäßig eindeutig und einfach zu sein: Beethovens Autograph wird in der Österreichischen Nationalbibliothek in Wien aufbewahrt und ist erst kürzlich in einer glänzend gelungenen Faksimileausgabe[1] auch einem größeren Kreis von Interessenten zugänglich gemacht worden. Untersucht man das Autograph jedoch genauer und vergleicht es mit den zu Beethovens Lebzeiten erschienenen Druckausgaben und der heute üblichen Fassung, so ergeben sich deutliche Unterschiede, insbesondere was die Solostimme angeht. Im Autograph[2] gibt es an zahlreichen Stellen neben dem durchgeführten Solopart am unteren, freien Rand einer jeden Seite zusätzlich ein, zwei oder sogar drei weitere Versionen, die zum Teil den – an dieser Stelle ausgestrichenen – Solopart ersetzen, zum Teil ohne Entscheidung für eine endgültige Version dastehen. Das Autograph repräsentiert also so etwas wie ein Protokoll des kompositorischen Prozesses, ohne das Ergebnis dieses Prozesses bereits in der wünschenswerten Eindeutigkeit zu fixieren.

Den philologischen Untersuchungen von Shin Augustinus Kojima[3], die dieser im Zusammenhang mit der Ausgabe des Konzertes im Rahmen der neuen Beethoven-Gesamtausgabe[4] angestellt hat, ist zu entnehmen, daß Beethoven das Konzert in relativ kurzer Zeit zwischen dem letzten Novemberdrittel und dem Uraufführungsdatum am 23. Dezember 1806 geschrieben hat – das Autograph zeigt deutliche Spuren eines hastigen Arbeitsstiles. Die Korrekturen am Solopart und

[1] *Beethoven: Konzert für Violine und Orchester op. 61*, Faksimile, hg. v. Franz Grasberger, Graz 1978

[2] vgl. dazu die abgebildeten Faksimiles S. 10 und 11

[3] Shin Augustinus Kojima: *Die Solovioline-Fassungen und -Varianten von Beethovens Violinkonzert op. 61 – ihre Entstehung und Bedeutung*, in: *Beethoven-Jahrbuch* Band 8, 1971/72, Bonn 1975, S. 97–145; vorher bereits in Kurzform in: *Kongreßbericht Bonn 1970*, Kassel 1973, S. 472ff.

[4] *Beethoven: Die Werke für Violine und Orchester*, hg. v. Shin Augustinus Kojima, München 1973 (III, 4); dazu der maschinenschriftlich vorliegende, im Beethoven-Haus in Bonn aufbewahrte kritische Bericht, Bonn 1974

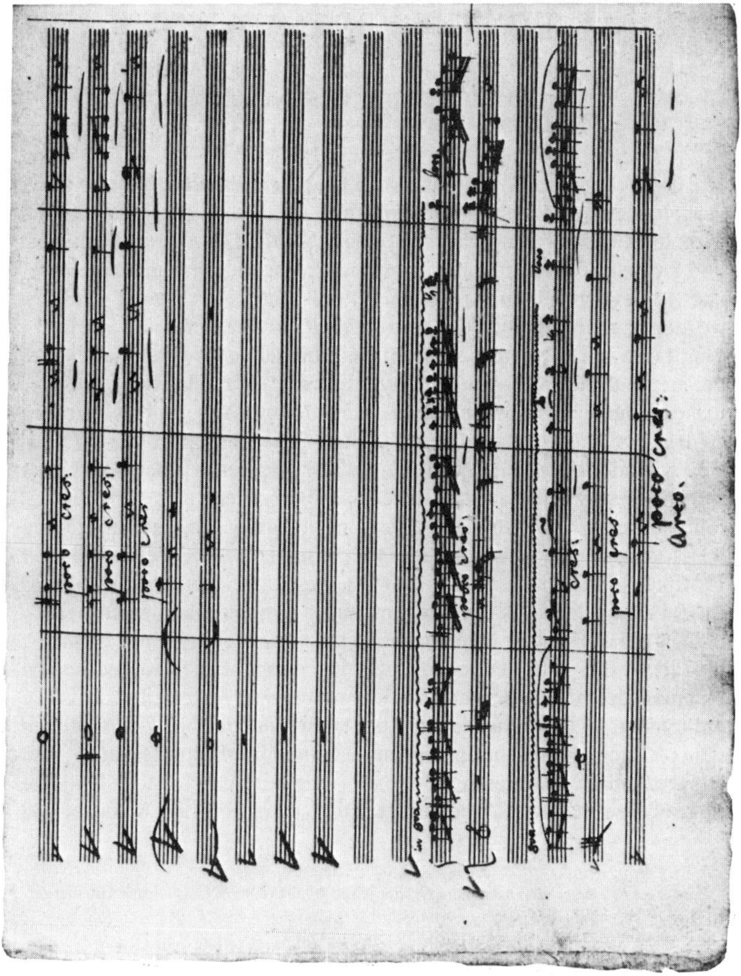

Eine Seite aus der Kopistenabschrift (vgl. rechts) mit Klavier- und Violinsolo-Stimme (I. Satz, T. 443ff.)

die zusätzlichen Versionen, die zum Teil mit Bleistift und Rötel, zum Teil mit dunklerer Tinte eingetragen sind, stammen jedoch frühestens aus dem Mai/Juni 1807, als Beethoven das Werk für die Drucklegung vorbereitete und zugleich – wie Bleistifteintragungen zeigen – die Clementi zugesagte Version als Klavierkonzert konzipierte.

Die zweite Hauptquelle ist die von einem Kopisten angefertigte und von Beethoven selbst korrigierte Partiturabschrift; sie befindet sich heute im British Museum in London (Signatur: Add. 47851). Eine genaue Untersuchung dieser Quelle, um die sich besonders Alan Tyson verdient gemacht hat[5], zeigt, daß es sich um die Stichvorlage für die im August 1808 beim Wiener Industriekontor erschienene Stimmenausgabe handelt. Diese Partitur weicht in den Orchesterstimmen – bis auf zwei Übertragungsfehler und einige Flüchtigkeiten im Bereich von Dynamik und Artikulation – nicht vom Autograph ab, zeigt aber in der Solostimme die uns heute vertraute Fassung, die sich zum Teil aus Elementen der Urfassung und den zusätzlichen Versionen zusammensetzt, zum Teil aber auch eigene, neue Wege geht. Weiterhin enthält diese Partitur auch die Klaviersolostimme, die wiederum in interessanten Details der rechten Hand sich von der Violinstimme unterscheidet und auf die »Urfassung« zurückgeht. Was die Solostimmen angeht, muß es für diese Partitur, die Beethoven 1816 dem englischen Pianisten und Cellisten Charles Neate schenkte, als dieser nach längerem Aufenthalt in Wien nach London zurückkehrte, eine autographe Vorlage gegeben haben, die jedoch bis heute nicht aufgetaucht ist. Da somit eine wichtige Zwischenstufe fehlt, hat es eine wissenschaftliche Kontroverse über die Authentizität der Solostimme gegeben, in der Fritz Kaiser von der Annahme ausging, diese dritte Fassung der Solostimme stamme von einem Bearbeiter[6]; seiner Meinung schloß sich Willy Hess an[7]. Die neueren Arbeiten von Tyson[8] und Kojima[9] scheinen aber zu zeigen, daß

[5] Alan Tyson: *The Text of Beethoven's op. 61*, in: *Music & Letters* 43, 1962, S. 104–114; und Alan Tyson: *The textual Problems of Beethovens Violin Concerto*, in: *Musical Quarterly* 53, 1967, S. 482–502; frühere Hinweise auf diese Quelle bereits in: Paul Mies: *Die Quellen des op. 61 von Ludwig van Beethoven*, in: *Kongreßbericht Köln 1958*, Kassel 1959, S. 193–195

[6] Fritz Kaiser: *Die authentischen Fassungen des D-Dur-Konzertes op. 61 von Ludwig van Beethoven*, in: *Kongreßbericht Kassel 1962*, Kassel 1963, S. 196–198

[7] Willy Hess: *Die verschiedenen Fassungen von Beethovens Violinkonzert*, in: ds.: *Beethoven-Studien*, Bonn 1972, S. 163–168

[8] vgl. die Arbeiten in Anm. 5 sowie das *Vorwort* zu der von Tyson besorgten Partiturausgabe, London 1967 (Edition Eulenburg No. 701)

[9] vgl. Anm. 3, S. 7

Zwei Seiten aus der autographen Partitur mit verschiedenen Fassungen der Solostimme
(I. Satz, T. 194ff.)

– auch wenn das Fehlen der autographen Zwischenstufe eine endgültige Beweisführung erschwert – die in der Londoner Partitur festgehaltene Fassung von Beethoven stammen dürfte, zumindest aber von ihm anerkannt ist.

Zusätzliche Quellen sind die Erstausgaben der Solo- und Orchesterstimmen, die im August 1808 beim Wiener Industriekontor und im Herbst 1810 bei Clementi in London erschienen; wobei Kojima darauf aufmerksam gemacht hat, daß es von der Violinsolostimme aus Wien zwei verschiedene Druckauflagen gegeben hat, da bei der ersten die Wendestellen ungünstig eingerichtet waren[10]. Die Wiener Stimmen richten sich nach der Londoner Kopistenpartitur, während die deutlich später erschienenen Londoner Stimmen auf eine andere Quelle zurückgehen: Tyson und Kojima haben wohl zu Recht angenommen, daß sie nach dem heute bis auf ein Oboenfragment[11] verlorenen handschriftlichen Stimmensatz angefertigt wurden, den Beethoven bei der Uraufführung verwendet hat. Was die Soloparts angeht, scheint der Londoner Stimmensatz auf die Wiener Stimmen oder die verlorengegangene autographe Zwischenstufe zurückzugehen.

Obwohl das Beethovensche Partiturautograph aus Carl Czernys Besitz seit 1857 in der Wiener Nationalbibliothek zugänglich ist und obwohl die wohl von Ferdinand David besorgte Ausgabe des Konzertes im Rahmen der alten Gesamtausgabe vom Sommer 1863 einen korrekten Notentext überliefert, haben zahlreiche Partitur- und Taschenpartiturausgaben, die sich nach dem Stimmenerstdruck gerichtet haben, zum Teil bis heute eine ganze Reihe von Flüchtigkeiten, aber auch zwei grobe Übertragungsfehler mitgeschleppt – sie seien zur Information hier mitgeteilt (die von Alan Tyson besorgte Neuausgabe, die 1967 zuerst bei Eulenburg erschien und deren Text dieser Ausgabe zugrunde liegt, hat diese Stellen – und zahlreiche Inkonsequenzen – im Vergleich der Quellen berichtigt).

Die erste Fehlerstelle bezieht sich auf die Coda des ersten Satzes: in vielen Partituren läuft in den T. 525–533 die Cellostimme mit der Baßstimme parallel: wie der Vergleich mit dem Autograph zeigt, hat Beethoven jedoch für die Takte 526/27 und 529/530 ein Dialogisieren mit dem Fagott vorgesehen, in den Takten 531–533 läuft das Cello in Oktaven mit der Viola. Der zweite Fehler bezieht sich auf den dritten

[10] Kojima: *Die Solovioline-Fassungen*, S. 98
[11] vgl. Tyson: *Vorwort*, S. 487

Satz: hier fehlt – vielfach bis heute – ein ganzer Takt, und zwar nach T. 216, wo das Original und die Kopistenpartitur die Quintfiguren der oberen Streicher fortführen, in vielen Partituren bis heute aber sogleich die Pizzicatofigur der Solovioline einsetzt.

Für die Violinfassung des Konzertes sind keine originalen Kadenzen überliefert; es ist wohl auch davon auszugehen, daß Franz Clement (siehe Seite 14, Fußnote 18) bei der Uraufführung eigene Kadenzen gespielt hat – für die Klavierfassung jedoch hat Beethoven neue geschrieben[12], von denen insbesondere jene des ersten Satzes besonders aufschlußreich ist, weil der Komponist hier – in Fortführung der im Werk angelegten Dominanz der Pauke und in Vorwegnahme eines Instrumentationseffektes im III. Satz des Klavierkonzerts Nr. 5 – das Soloinstrument von einer obligaten Pauke begleiten läßt. Der Geiger Wolfgang Schneiderhan hat diese Klavierkadenzen teilweise für die Violine eingerichtet[13]. Wenn man auch gegen eine solche Übertragung aus denselben instrumentenstilistischen Gründen polemisieren kann wie gegen Beethovens – wo nicht eigenhändige, so doch von ihm überwachte – Klavierfassung, so bieten diese Kadenzen zumindest einen kompositorisch-stilistischen Zusammenhang. Die eher romantisch-virtuosen Kadenzen von Ferdinand David, Joseph Joachim und Fritz Kreisler, die sich seit der Mitte des 19. Jahrhunderts mehr und mehr durchgesetzt haben, stehen in einem anderen Zusammenhang. Höchst interessant und spannungsreich dagegen ist die von dem zeitgenössischen russischen Komponisten Alfred Schnittke geschriebene Kadenz, die der Geiger Gidon Kremer bevorzugt[14].

[12] die Kadenzen zum ersten Satz und zum Übergang vom zweiten zum dritten zuerst gedruckt in der alten Gesamtausgabe, Leipzig 1863, zwei kleinere *Eingänge* zum Rondo zuerst in Band VII, 7 der neuen Beethoven-Gesamtausgabe und in Band X der von Willy Hess herausgegebenen *Supplemente zur Beethoven-Gesamtausgabe*.

[13] Wolfgang Schneiderhan: Kadenzen zu Beethovens Violinkonzert nach der Klavierfassung, München: Henle o. J.

[14] Alfred Schnittke: Kadenzen zu Beethovens Violinkonzert, London (Boosey & Hawkes) o. J.

Zur Werkentstehung

Anders als in der Klaviermusik, wo die Personalunion von Komponist und Interpret gewahrt war, durfte Beethoven bei der konzertanten Musik für Violine und Orchester in instrumentaltechnischer Hinsicht nicht als Fachmann gelten. Gleichwohl ist das Violinkonzert op. 61, das Clementi in seiner Londoner Ausgabe als das erste aus Beethovens Hand bezeichnete, nicht auch dessen erste Beschäftigung mit der Gattung. Aus den letzten Bonner Jahren, also aus der Zeit zwischen 1790 und 1792, kennen wir einen großangelegten, unvollständig überlieferten, aber wohl abgeschlossenen ersten Konzertsatz C-Dur für Violine und Orchester; das auf uns gekommene Fragment umfaßt im Autograph 19 Seiten bzw. 259 Takte und wurde zuerst von Ludwig Schiedermair[15], dann von Willy Hess[16] veröffentlicht und ist auch verschiedentlich komplettiert[17] und aufgeführt worden.

Zehn Jahre später, 1802, vollendete der Komponist die beiden Romanzen G-Dur und F-Dur für Violine und Orchester, die 1803 und 1804 als op. 40 und op. 50 erschienen und – formal so etwas wie ausgedehnte langsame Mittelsätze – durchaus auf der Höhe der geigerischen Stilentwicklung, wie sie durch die französische Violinschule geprägt wurde, angesiedelt sind. Nicht vergessen darf man auch die bis dahin entstandenen neun Violinsonaten (op. 12 Nr. 1–3, op. 23, op. 24 [»Frühlingssonate«], op. 30 Nr. 1–3, op. 47), von denen insbesondere die letzte, die »Kreutzer«-Sonate, durch ihren glänzend-konzertanten Stil besticht – schließlich hat Beethoven in der Erstausgabe den Zusatz gemacht, die Sonate sei *scritta in uno stilo molto concertante, quasi come d'un concerto*.

Über den Anlaß zur Entstehung des Violinkonzertes sind wir nicht genau informiert; einen wichtigen, wenn nicht den entscheidenden Schaffensimpuls stellte der Geiger Franz Clement[18] dar, den Beethoven

15 Ludwig Schiedermair: *Der junge Beethoven*, Leipzig 1925, S. 427–478

16 Willy Hess (Hrsg.): Supplemente zur Beethoven-Gesamtausgabe Band X, Wiesbaden 1969

17 *Ludwig van Beethoven: Konzertsatz C-Dur für Violine und Orchester*, Fragment, auf der Grundlage der von Willy Hess vorgelegten Ausgabe herausgegeben und ergänzt von Wilfrid Fischer, Wiesbaden o. J.

18 Franz Clement, geboren 1780 in Wien, seit 1802 Konzertmeister am Theater an der Wien, vgl. dazu Andreas Moser: *Geschichte des Violinspiels*, Berlin 1923, S. 506ff.

– spätestens, seit jener als Orchesterdirigent (bei der damals üblichen Doppeldirektion vom Cembalo und von der Konzertmeisterposition aus) die Uraufführung der »Eroica« geleitet hatte – außerordentlich schätzte. Clement nun veranstaltete am 23. Dezember 1806 im Theater an der Wien, wo er als Konzertmeister und Dirigent engagiert war, eine Akademie zu seinen Gunsten und erbat dazu von Beethoven ein Violinkonzert. Andere Beweggründe für die Komposition eines Violinkonzertes sind nicht überliefert, auch haben quellenkritische Untersuchungen nachgewiesen, daß das Konzert in sehr kurzer Zeit entstanden sein muß[19]. Die einzige heute bekannte Skizze zum Violinkonzert, die im Umkreis von Skizzen zur 5. Sinfonie zu finden ist, steht im sogenannten Landsberger Skizzenbuch[20] und dürfte aus dem September/Oktober 1806 stammen, als sich Beethoven auf Schloß Grätz bei Troppau aufhielt; das Autograph ist, wie Tintenvergleiche ergeben haben, wohl frühestens im letzten Novemberdrittel 1806 begonnen und erst kurz vor der Uraufführung beendet worden; gestützt wird diese Annahme durch die Aussage von Carl Czerny, der berichtet[21]:

> *Beethoven komponierte dieses Concert* [...] *in sehr kurzer Zeit für den Violinisten Franz Clement* [...], *von dem es auch, kaum zwei Tage nach seiner Vollendung, mit größter Wirkung produziert wurde.*

Und auch Beethovens Arzt Dr. Bartolini berichtete, das Werk sei erst ganz knapp vor dem Uraufführungstermin fertiggestellt worden[22]. Das Autograph, dem man die Eile, in der es geschrieben wurde, ansieht, trägt auf der ersten Seite die freundschaftliche Widmung:

> *Concerto par Clemenza pour Clement primo Violino e direttore al teatro a vienna. Dal L. v. Bthvn 1806.*

Anders, als Czerny berichtet, scheint der erste Erfolg eher bescheiden gewesen zu sein; eine zweite Aufführung im Jahre 1807, von der

[19] Kojima: *Die Solovioline-Fassungen*, bes. S. 102–109

[20] Die Skizze befindet sich auf S. 64 des Skizzenbuch Landsberg 10 im Besitz der Staatsbibliothek Preußischer Kulturbesitz, Berlin, und enthält den Anfangsteil des ersten Satzes sowie das Rondo-Thema des Finales.

[21] Carl Czerny: *Vollständige theoretisch-praktische Pianoforte-Schule* op. 500, Band IV, Wien 1842, S. 117

[22] Dr. Bartolinis Aussage gegenüber Jahn wird zitiert in Thayer-Deiters-Riemann: *Ludwig van Beethovens Leben*, Band II, Leipzig 3. Aufl. 1922, S. 538.

Schloß Grätz bei Troppau,
Aufenthaltsort Beethovens im September/Oktober 1806

Schindler schreibt[23], soll mehr Anerkennung gefunden haben – ins Repertoire der Geiger gelangte das Werk jedoch erst knapp vierzig Jahre später. Kojimas Untersuchungen ist zu entnehmen, daß Clement bei der Uraufführung die »Urfassung« des Soloparts spielte; es ist anzunehmen, daß er bei der von Schindler angeführten zweiten Aufführung die uns heute vertraute dritte Fassung benutzt hat.

[23] Anton Schindler: *Beethoven*, Münster 1860, S. 183

Im April 1807 besuchte Muzio Clementi – nicht nur Pianist und auch von Beethoven geschätzter Komponist, sondern zudem Leiter und Mitinhaber eines Londoner Musikverlages – den Komponisten in Wien, um von ihm die englischen Publikationsrechte für seine neuesten Werke zu erhalten. Man machte am 20. April 1807[24] einen Vertrag, und zwei Tage später schrieb Clementi voller Genugtuung an seinen Verlagspartner Collard nach London[25]:

> *Ich kam mit ihm überein bez. der Übernahme im Manuskript von drei Quartetten* [op. 59 Nr. 1–3], *einer Symphonie* [op. 60], *einer Ouvertüre* [*Coriolan* op. 62], *einem Konzert für Violine, das wundervoll ist, und das er auf meinen Wunsch hin für Klavier bearbeiten will, und einem Konzert für Pianoforte* [op. 58] ... *Das Violinkonzert will er selbst bearbeiten und sobald als möglich senden.*

Es scheint also Clementis Überredungskunst – vielleicht auch kommerziellen Überlegungen Beethovens – zu danken zu sein, daß der Komponist das kuriose Unterfangen vornahm, den Violinpart für Klavier einzurichten. Studiert man diese Fassung genauer, so scheint es kein Wunder, daß sich kaum Pianisten um diese Werkfassung kümmern – sie ist wenig inspiriert, sondern übernimmt weitgehend und ohne rechte instrumentenstilistische Anpassung den Violinpart in die rechte Hand und fügt eine kaum mehr als harmonisch stützende, bisweilen verdoppelnde linke Hand hinzu: der Part klingt ausgesprochen dünn und bietet auch keinerlei virtuosen Anreiz.[26] Vermutungen, Beethoven habe nur die handwerkliche Einrichtung durch einen anderen (einen Schüler?) überwacht, sind so lange nicht zu verifizieren, wie das in der Chronologie fehlende Zwischenstück zwischen dem Autograph (in dem sich zur Klavierfassung nur Hinweise und verbale Anmerkungen finden) und der von Beethoven korrigierten Stichvorlage nicht auftaucht. Immerhin hat Beethoven diese Fassung nicht nur bei Clementi veröffentlicht, sondern sie auch in der Wiener Ausgabe herausgebracht und sie zudem auch anderen Verlegern[27] angeboten.

[24] vgl. *Dokumente zur Werkentstehung*

[25] zitiert nach dem Vorwort von Alan Tyson, S. II (dort im englischen Original)

[26] vgl. dazu Wilhelm Mohr: *Beethovens Klavierfassung seines Violinkonzertes op. 61*, in: *Kongreßbericht Bonn 1970*, Kassel 1971, S. 509–511

[27] vgl. *Dokumente zur Werkentstehung*

Das Violinkonzert erschien zuerst im Druck in einer Stimmen-Ausgabe, zugleich mit der Klavierfassung, die ja dasselbe Orchestermaterial benutzt. Wie Kojima annimmt, dürfte das Material samt der Klavierstimme im Herbst 1808, die Violinstimme im Frühjahr 1809 erschienen sein[28]. In der Druckausgabe wiederholt sich die Widmung an Franz Clement nicht: Beethoven eignete die Druckausgabe seinem Freund Stephan von Breuning zu und die Klavierbearbeitung dessen Frau Julie, geborene von Vering, die eine begabte Pianistin war und mit der er häufiger vierhändig gespielt hatte. Da die Breunings im April 1808 geheiratet hatten, waren die Widmungen vielleicht so etwas wie eine Art verspätetes Hochzeitsgeschenk[29]. Die Clementi-Ausgabe mit beiden Solostimmen erschien – ohne Widmung – im Sommer 1810, die erste Partiturausgabe erst 1861. Eine Metronomisierung des Werkes hat Beethoven selbst nicht vorgenommen[30].

[28] dazu Kojima: Kritischer Bericht zu Band III. 4. *Die Werke für Violine und Orchester* der neuen Beethoven-Ausgabe, Bonn 1974, S. 21

[29] vgl. dazu Gerhard von Breuning: *Aus dem Schwarzspanierhause. Erinnerungen an Ludwig van Beethoven aus meiner Jugendzeit*, Berlin 1907, S. 41f.

[30] vgl. dazu die Diskussion der Tempofragen im Kapitel *Interpretation*

Dokumente zur Werkentstehung

In Beethovens Briefen spielt das Violinkonzert so gut wie keine Rolle; das mag zum einen damit zusammenhängen, daß das Werk innerhalb weniger Wochen entstand, zum anderen, daß alle beteiligten Partner, insbesondere der Geiger Franz Clement, in Wien ansässig waren, so daß der mündliche Verkehr überwogen haben mag.

Uraufgeführt wurde das Konzert am 23. Dezember 1806 im Theater an der Wien; der Programmzettel der *musikalischen Akademie* hat sich erhalten:

Heute Dienstag den 23. Dezember 1806
Wird in dem k. k. priv. Schauspielhaus an der Wien
gegeben

Eine große
musikalische Akademie
mit Verstärkung des Orchesters
zum Vortheil des Franz Klement,
Musikdirektor dieses Theaters

Erste Abtheilung

1. *Eine grosse neue Overture von Herrn Méhul*
2. *Ein neues Violin-Concert von Herrn Ludwig van Beethoven, gespielt von Hrn. Clement*
3. *Eine Aria von Herrn W. Mozart, gesungen von Mad. Campi*
4. *Eine Overture samt einem grossen Chor von Hendel, aus der Ode auf St. Cecilia, instrumentiert von Herrn W. Mozart*

Zweyte Abtheilung

1. *Eine neue Overture von Herrn Cherubini*
2. *Ein neues Quartetto von Herrn Cherubini, gesungen von Mad. Campi, Hrn. Ehlers, Herrn Meier und Herrn Weinkopf*
3. *Wird Herr Clement auf der Violine phantasiren und auch eine Sonate auf einer einzigen Saite mit umgekehrter Violine spielen*
4. *Ein großer Chor von Herrn Hendel, aus der Ode auf St. Cecilia, instrumentirt von Herrn W. Mozart*

Theater an der Wien,
Ort der Uraufführung des Violin-Konzerts

Die Logen und gesperrten Sitze sind in seiner Wohnung beim schwarzen Bären an der Wien Nro. 456 im 1ten Stock, von 9 Uhr früh bis Nachmittag um 5 Uhr zu haben.

Der Anfang um halb 7 Uhr.

Clements Konzert ist also die damals vielfach übliche Mischung aus Instrumental- und Gesangsstücken; ob die Bevorzugung französischer Musik ein Zugeständnis an die politischen Zeitläufte darstellt (Wien war seit 1805 von napoleonischen Truppen besetzt) oder dem Zeitgeschmack entsprach, mag dahingestellt sein; bemerkenswert ist die große stilistische Spannweite des Programmes zwischen der Händel-Bearbeitung Mozarts auf der einen Seite und eher marktschreierischen Geigenkunststückchen Clements, die offensichtlich auch vor Paganini schon üblich waren, auf der anderen Seite.

Am 7. Januar 1807 erschien in der *Wiener Theaterzeitung* die einzige uns erhaltene Rezension der Uraufführung; sie stammt von Johann Nepomuk Möser[31]:

[31] zitiert nach Thayer-Deiters-Riemann: *Beethovens Leben*, Band II, Leipzig 3. Aufl. 1922, S. 538f.

[...] *Der vortreffliche Violinspieler Klement spielte unter anderen vorzüglichen Stücken, auch ein Violinconcert von Beethhofen, das seiner Originalität und mannigfaltigen schönen Stellen wegen mit ausnehmendem Beifall aufgenommen wurde. Man empfing besonders Klements bewährte Kunst und Anmuth, seine Stärke und Sicherheit auf der Violin, die sein Sclave ist, mit lärmendem Bravo. – – Ueber Beethhofens Concert ist das Urtheil von Kennern ungetheilt; es gesteht demselben manche Schönheit zu, bekennt aber, daß der Zusammenhang oft ganz Zerrissen scheine, und daß die unendlichen Wiederholungen einiger gemeiner Stellen leicht ermüden könnten. Es sagt, daß Beethhoven seine anerkannt großen Talente gehöriger verwenden und uns Werke schenken möge, die seinen ersten Symphonien aus C und D gleichen, seinem anmuthigen Septette aus Es, dem geistreichen Quintette aus D dur*[32] *und mehreren seiner frühern Compositionen, die ihn immer in die Reihe der ersten Componisten stellen werden. Man fürchtet aber zugleich, wenn Beethhofen auf diesem Weg fortwandelt, so werde er und das Publicum übel dabei fahren. Die Musik könnte so bald dahin kommen, daß jeder, der nicht genau mit den Regeln und Schwierigkeiten der Kunst vertraut ist, schlechterdings gar keinen Genuß bei ihr finde, sondern durch eine Menge unzusammenhängender und überhäufter Ideen und einen fortwährenden Tumult einiger Instrumente, die den Eingang charakterisieren sollten, zu Boden gedrückt, nur mit einem unangenehmen Gefühl der Ermattung das Concert verlasse. Dem Publicum gefiel im Allgemeinen dieses Concert und Clements Phantasieen außerordentlich.*

Zwei Fakten vermag diese Kritik zu enthüllen: zum einen, daß – wie die Quellenstudien bereits ergeben haben – Clement in diesem Konzert die »Urfassung« des Solopartes spielte, denn in ihm befindet sich eine Reihe von *unendlichen Wiederholungen einiger gemeiner Stellen*, zum anderen, daß Beethoven schon um 1806 den Tadel jener konservativen und buchstabengläubigen Kritiker einzustecken hatte, die ihn am liebsten auf der verbindlichen, bisweilen durchaus salonnahen Tonsprache des Septetts op. 20 festnageln wollten – bemerkenswert, daß Möser

[32] Möser meint das Streichquintett C-Dur op. 29; dieselbe Tonartenverwechslung ist ihm auch bei seiner Kritik der »Eroica« unterlaufen.

k. k. priv. Schauspielh. a. d. Wien

Heute Dienstag den 23. Dezember 1806
Wird in dem k. k. priv. Schauspielhaus an der Wien
gegeben

Eine große

musikalische Akademie

mit Verstärkung des Orchesters
Zum Vortheil des Franz Klement,
Musikdirektor dieses Theaters.

Erste Abtheilung.

1. Eine grosse neue *Overture* von Herrn *Mehul*
2. Ein neues *Violin-Concert* von Herrn Ludwig *van Beethoven*, gespielt von Hrn. Clement.
3. Eine *Aria* von Herrn W. Mozart, gesungen von Mad. Campi.
4. Eine *Overture* samt einen grossen *Chor* von Herrn *Hendel*, aus der *Ode* auf *St. Cæcilia*, *instrumentirt* von Herrn W. Mozart.

Zweyte Abtheilung.

1. Eine neue *Overture* von Herrn *Cherubini*.
2. Ein neues *Quartetto* von Herrn *Cherubini*, gesungen von Mad. Campi, Hrn. Ehlers, Herrn Meier und Herrn Weinkopf.
3. Wird Herr Clement auf der *Violine phantasiren* und auch eine *Sonate* auf einer einzigen Saite mit umgekehrter *Violin* spielen.
4. Ein grosser *Chor* von Herrn *Hendel*, aus der *Ode* auf *St. Cæcilia* *instrumentirt* von Herrn W. Mozart.

Die Logen und gesperrten Sitze sind in seiner Wohnung beym schwarzen Bären an der Wien Nro. 456 im 1ten Stock, von 9 Uhr früh bis Nachmittag um 5 Uhr zu haben.

Der Anfang um halb 7 Uhr.

Programmzettel des Konzerts mit der Uraufführung des op. 61

hier fast wörtlich einen Passus wiederholt, den er schon in seiner Kritik der »Eroica« angeführt hatte[33].

Im April 1807 kam Clementi nach Wien. Beethovens Schüler Ferdinand Ries berichtet darüber[34]:

Als Clementi nach Wien kam, wollte Beethoven gleich zu ihm gehen; allein sein Bruder setzte ihm in den Kopf, Clementi müsse ihm den ersten Besuch machen. Clementi, obschon viel älter[35], würde dies wahrscheinlich auch getan haben, wären darüber keine Schwätzereien entstanden. So kam es, daß Clementi lange in Wien war, ohne Beethoven anders als von Ansehen zu kennen. Öfters haben wir im Schwanen an einem Tische zu Mittag gegessen, Clementi mit seinem Schüler Klengel[36] und Beethoven mit mir; alle kannten sich, aber keiner sprach mit dem anderen oder grüßte nur. Die beiden Schüler mußten dem Meister nachahmen, weil wahrscheinlich jedem der Verlust der Lectionen drohte, den ich wenigstens bestimmt erlitten haben würde, indem bei Beethoven nie ein Mittelweg möglich war.

Schließlich kam es doch zu dem erwähnten Zusammentreffen, und am 20. April 1807 setzten Clementi und Beethoven folgenden Verlagsvertrag auf:

Vertrag. *Vienne 20. Avr. 1807*

La convention suivante a été faite entre Monsieur M. Clementi et Monsieur Louis v. Beethoven.

1. Monsieur Louis v. Beethoven cède à Monsieur M. Clementi les manuscrits de ses oeuvres ci-après ensuivis, avec le droit de les publier dans les royaumes unis britanniques, en se réservant la liberté de faire publier ou de vendre pour faire publier ces mêmes ouvrages hors des dits royaumes:

[33] vgl. dazu Thayer-Deiters-Riemann, a. a. O., S. 538, Anm. 2

[34] Dr. F. G. Wegeler und Ferdinand Ries: *Biographische Notizen über Beethoven*, Koblenz 1838, S. 110, hier zitiert nach: H. C. Robbins Landon: *Beethoven. Sein Leben und seine Welt in zeitgenössischen Bildern und Texten*, Wien 1970

[35] Muzio Clementi, geboren am 23. Januar 1752 in Rom, gestorben am 10. März 1832 in Evesham (Worcestershire)

[36] August Alexander Klengel, geb. am 27. Januar 1783 zu Dresden, deutscher Pianist, zwischen 1803 bis 1811 Clementis Schüler, von 1816 an Hoforganist in Dresden, gestorben am 22. November 1852

a. trois quatuors,
b. une symphonie
N. B. la quatrième qu'il a composée,
c. une ouverture de Coriolan, tragédie de Mr. Collin.
d. un concert pour le piano
N. B. le quatrième qu'il a composé.
e. un concert pour le violon
N. B. le premier qu'il a composé,
f. ce dernier concert arrangé pour le piano avec des notes additionnelles.

2. Monsieur M. Clementi fera payer pour ces six ouvrages à Mr. L. v. Beethoven la valeur de deux cents Liv. Sterl. au cours de Vienne par MM. Schuller et Comp. aussitôt qu'on aura à Vienne la nouvelle de l'arrivée de ces ouvrages à Londres.

3. Si Monsieur L. v. Beethoven ne pouvait livrer ensemble ces six ouvrages, il ne serait payé par MM. Schuller et Comp. qu'à proportion des pièces livrées, p. ex. en livrant la moitié, il recevra la moitié, en livrant le tiers, il recevra le tiers de la somme convenue.

4. Monsieur L. v. Beethoven promet de ne vendre ces ouvrages soit en Allemagne, soit en France, soit ailleurs, qu'avec la condition de ne le publier que quatre mois après leur départ respectif pour l'Angleterre: pour le concert pour le violon et pour la symphonie et l'ouverture, qui viennent de partir pour l'Angleterre, Mons. L. v. Beethoven promet de ne les vendre qu'à condition de ne publier avant le 1. Sept. 1807.

5. On est convenu de plus que Mons. L. van Beethoven compose aux mêmes conditions dans un temps non determiné et à son aise, trois Sonates ou deux Sonates et une Fantaisie pour le piano avec ou sans accompagnement comme il voudra, et que Mons. M. Clementi lui fera payer de la même manière soixante Livres Sterl.

6. Mons. M. Clementi donnera à Mons. L. van Beethoven deux exemplaires de chacun des ces ouvrages.

Fait en double et signé à Vienne le 20. Avril 1807.

Muzio Clementi. *Louis van Beethoven.*
Comme témoin J. Gleichenstein.[37]

[37] zitiert nach: *Ludwig van Beethovens sämtliche Briefe*, hg. v. Emerich Kastner, Neuausgabe von Julius Kapp, Leipzig 1923, S. 101; die deutsche Übersetzung:

Vertrag *Wien, 20. April 1807*

Die nachfolgende Vereinbarung wurde geschlossen zwischen Herrn M. Clementi und Herrn Louis v. Beethoven.

1. Herr Louis v. Beethoven übergibt Herrn M. Clementi die Manuskripte seiner weiter unten aufgeführten Werke mit dem Recht, sie im Vereinigten Britischen Königreich zu veröffentlichen, und sie behalten sich das Recht vor, dieselben Werke im besagten Königreich zu veröffentlichen oder zur Veröffentlichung zu verkaufen:

a. drei Quartette
b. eine Symphonie
N. B. die vierte, die er komponiert hat
c. eine Ouvertüre zu »Coriolan«, der Tragödie des Herrn Collin
d. ein Konzert für Klavier
N. B. das vierte, das er komponiert hat
e. ein Konzert für die Violine
N. B. das erste, das er komponiert hat
f. dasselbe Konzert, für Klavier arrangiert

2. Herr M. Clementi zahlt für diese sechs Werke des Herrn L. v. Beethoven die Summe von 200 Pfund Sterling Wiener Währung an die Herren Schuller und Comp. sogleich, wenn die Ankunft dieser Werke in London erfolgt ist.

3. Wenn Herr L. v. Beethoven nicht in der Lage ist, alle sechs Werke zusammen zu liefern, erhält er von den Herren Schuller und Comp. den Betrag, der der Menge der gelieferten Stücke entspricht, also erhält er die Hälfte des Betrags, wenn er die Hälfte liefert, oder ein Drittel dieser Vereinbarung, wenn er ein Drittel liefert.

4. Herr L. v. Beethoven verspricht, daß er diese Werke nicht verkaufen wird, sei es in Frankreich, in Deutschland oder anderswo, ohne die Bedingung, daß sie nicht früher als vier Monate nach dem Erscheinen der entsprechenden Ausgabe in England herauskommen dürfen; was das Violinkonzert, die Symphonie und die Ouvertüre angeht, die in England erscheinen werden, verspricht Herr L. v. Beethoven, sie nicht ohne die Bedingung zu verkaufen, daß sie nicht vor dem 1. September 1807 veröffentlicht werden dürfen.

5. Des weiteren wurde vereinbart, daß Herr L. van Beethoven zu denselben Bedingungen in einer nicht festgelegten Zeit zu seiner Bequemlichkeit drei Sonaten oder zwei Sonaten und eine Faantaise für Klavier mit oder ohne Accompagnement, wie er es gern will, komponieren wird, und daß Herr M. Clementi dafür in derselben Weise 60 Pfund Sterling bezahlen wird.

6. Herr M. Clementi wird Herrn L. van Beethoven jeweils zwei Exemplare von jedem der Werke aushändigen.

In zwei Ausfertigungen erstellt und unterzeichnet zu Wien am 20. April 1807.

Muzio Clementi *Louis van Beethoven*
als Zeuge J. Gleichenstein

Clementi berichtete zwei Tage später vom Erfolg seines Vertragsabschlusses[38]:

Firma Clementi & Co., Nr. 26 Cheapside, London.

Wien, 22. April 1807.

Lieber Collard!

Durch einige Manöver, und ohne mich zu exponieren, konnte ich zu guter letzt die spröde Hoheit, Beethoven, erobern, welcher zuerst begann mich an öffentlichen Orten anzugrinsen und mit mir zu kokettieren, worin ich ihn natürlich keineswegs entmutigte; dann verfiel er allmählich in freundschaftliches Geplauder, bis ich ihn eines Tages durch Zufall auf der Straße traf – »Wo wohnen Sie?« sagt er; »Ich habe Sie so lange nicht gesehen!« – worauf ich ihm meine Adresse gab. Zwei Tage später fand ich auf meinem Tisch seine Karte, die er – nach der Beschreibung seiner schönen Gestalt durch das Dienstmädchen zu schließen – persönlich gebracht hatte. Das wird genügen, dachte ich. Drei Tage später spricht er wieder vor, und ich bin zu Hause. Stelle Dir die beiderseitige Überschwenglichkeit eines solchen Zusammentreffens vor! Ich setzte alles daran diese zum Vorteil unseres Hauses zu verstärken; daher, sobald es die Höflichkeit erlauben wollte, und nachdem ich einige seiner Kompositionen sehr artig gepriesen hatte: »Sind Sie schon einem Verleger in London verpflichtet?« – »Nein« sagt er. »Nehmen wir daher an, daß Sie mich vorziehen?« – »Mit ganzem Herzen«. »Abgemacht. Was haben Sie fertig?« – »Ich werde Ihnen eine Liste bringen«. Kurz und gut, ich vereinbarte mit ihm drei Quartette, eine Symphonie, eine Ouverture und ein Konzert für Violine, welches sehr schön ist, und welches er auf mein Verlangen für das Klavier mit und ohne erweiterter Tastatur adaptieren wird, und ein Konzert für das Klavier im Manuskript zu übernehmen, wofür wir ihm insgesamt zweihundert Pfund Sterling zahlen. Die Rechte sind jedoch nur für die britischen Dominions. Heute geht ein Kurier nach London über Rußland ab, und er wird Dir zwei oder drei von den erwähnten Artikeln bringen.

Vergiß nicht, daß er das Violinkonzert selbst adaptieren und es so bald als möglich senden wird [...]

[38] Thayer-Deiters-Riemann, a. a. O., Band 3, Seite 26

Muzio Clementi (1752–1832)

Beethoven seinerseits, der Clementi ja nur die Verlagsrechte für England abgetreten hatte, griff – mit teilweiser wörtlicher Übernahme aus dem Vertragstext – die Anregung Clementis, das Violinkonzert zu bearbeiten, auf und bot dieselben Werke einige Tage darauf zugleich – in gleichlautenden Schreiben, deren eines sein Freund Gleichenstein ins Französische übertrug – Nikolaus Simrock in Bonn und Ignaz Pleyel in Paris an[39]:

Wien, 26. April 1807.

Ich bin gesonnen nachstehende sechs neue Werke an eine Verlagshandlung in Frankreich, an eine in England und an eine in

[39] Kastner-Kapp, a. a. O., S. 102ff.

Wien zugleich, jedoch unter der Bedingung zu verkaufen, daß sie erst nach einem bestimmten Tage erscheinen dürfen. Auf diese Art glaube ich meinen Vorteil in Rücksicht der schnellen Bekanntmachung meiner Werke, und dann in Rücksicht des Preises sowohl meinen als den Vorteil der verschiedenen Verlagshandlungen zu vereinigen. Die Werke sind: 1. eine Symphonie, 2. eine Ouvertüre, komponiert zum Trauerspiel Coriolan von Herrn Collin, 3. ein Violinkonzert, 4. 3 Quatuors, 5. ein Konzert fürs Klavier, 6. das Violinkonzert arrangé fürs Klavier avec des notes additionnelles.

Ich trage Ihnen an, diese Werke in Paris herauszugeben, und mache Ihnen, um durch schriftliches Handeln die Sache nicht in die Länge zu ziehen, gleich den sehr billigen Preis von 1200 Gulden Augsburger Current; welche Summe Sie mir bei Ihrem hiesigen Korrespondenten oder Wechsler in guten Augsburger Wechseln gegen Empfang der sechs Werke auszahlen lassen würden.

Ihr Korrespondent hätte alsdann auch für die Versendung zu sorgen. Da ich nicht zweifle, daß Ihnen dieser Antrag ansteht, so ersuche ich Sie, mir bald zu antworten, damit diese Werke, welche alle bereit liegen, dann unverzüglich Ihrem hiesigen Korrespondenten können übergeben werden. – Was den Tag der Herausgabe betrifft, so glaube ich für die drei Werke der ersten Kolonne den 1. Juli und für die der zweiten Kolonne den 1. August d. J. bestimmen zu können.

Ludwig van Beethoven.

Doch weder mit Simrock noch mit Pleyel gediehen die Verhandlungen bis zu einem Vertragsabschluß – so blieb es bei den Druckausgaben in Wien und London.

Zur Rezeption des Werkes

Beethovens Violinkonzert wurde bei der Uraufführung – die Kritik von Möser hat dies gezeigt – eher zurückhaltend aufgenommen: zum einen mag, wie schon gezeigt, ein Grund darin liegen, daß der Solopart noch nicht ausgereift war, zum anderen in möglicherweise nicht ausreichender Vorbereitungszeit für Solist und Orchester; schwerwiegender jedoch als diese Gründe dürfte sein, daß das Werk dem damals üblichen Virtuosenstil durchaus nicht entsprach, sondern eher ein konzertantes Miteinander von Solo und Tutti beabsichtigte. Hinzu mag, wie Anton Schindler vermutet, die spieltechnische Schwierigkeit getreten sein[40]:

> *Beethoven gab ihm hierfür* [für die Akademie am 23. Dezember 1806] *das eben beendigte und für seine künstlerischen Eigenheiten (kurzer Bogen, nach der Schule der alt-italienischen Meister, Tartini, Nardini; Beherrschung der höchsten Applicatur) berühmte Conzert für die Violine in D dur zum Vortrage. Es hatte sich jedoch keiner beifälligen Aufnahme zu erfreuen. Zwar war ein im folgenden Jahre wiederholter Vortrag dem Werke günstiger, dennoch fand Beethoven für rathsam, es sogleich in ein Clavier-Concert umzuschreiben, als solches es aber vollkommen ignorirt worden. Sowohl Violin- als auch Clavierspieler verschrieen das Werk als undankbar (mit dieser Bezeichnung wurden die meisten Clavierwerke Beethoven's von den Musikern bis auf unsere Tage abgefertigt), die Violinspieler verklagten es sogar als unausführbar, weil sie vor der häufig darin angewandten hohen Applicatur zurückbebten. Erst der jüngsten Zeit war es vorbehalten, diesem herrlichen Werke in seiner ursprünglichen Gestalt ganz gerecht zu werden.*

All diese Gründe mögen dazu beigetragen haben, daß das Konzert in den ersten Jahren nach der Uraufführung höchst selten auf den Konzertprogrammen auftauchte; Clement, der 1813 als Orchesterleiter an die von Carl Maria von Weber geleitete Oper nach Prag ging, scheint das Werk nicht wieder gespielt zu haben; Aufführungen sind nachgewiesen mit Luigi Tomasini dem Jüngeren 1812 in Berlin, mit Baillot 1828 in Paris, mit Henri Vieuxtemps 1833 in Wien und dem Geiger

[40] Anton Schindler: *Beethoven*, Münster ^{3}1860, S. 182f.

Uhlrich 1836 im Leipziger Gewandhaus.[41] Da keine Angaben über die Auflagenhöhe der Stimmdrucke zu finden sind, sind auch Angaben über Titelauflagen oder Neudrucke des Notenmaterials verhältnismäßig aussagearm: zumal auch ein gekaufter Notensatz noch keinen Schluß auf eine Aufführung zuläßt. Immerhin gab es von dem beim Wiener Industriekontor erschienenen Stimmensatz 1815 (bei J. Riedl in Pest und Wien), 1823 (bei Steiner & Co, Wien) und nach 1826 (bei Tobias Haslinger, Wien) Titelauflagen; außerdem scheint Clementi um 1820 einen Nachdruck herausgebracht zu haben, ebenso wie um 1829 der Verlag Richault in Paris. 1835 erschien bei Dunst in Frankfurt eine Bearbeitung für Klavier zu 4 Händen, 1851 wurde in demselben Verlag eine Partiturausgabe angezeigt; da bis heute kein Exemplar aufgefunden ist, muß dahingestellt bleiben, ob diese Ausgabe überhaupt erschienen ist. Die erste uns bekannte Partiturausgabe erschien 1861 bei Peters in Leipzig unter der Verlagsnummer 4252.[42]

Das Leipziger Gewandhaus scheint jedoch – insbesondere unter der Direktion von Felix Mendelssohn Bartholdy und dessen Konzertmeister Ferdinand David – eine der wenigen Pflegestätten des Werkes gewesen zu sein. Zwar sind Aufführungen durch David selbst, der Spohr-Schüler und seit 1835 Gewandhaus-Konzertmeister war, nicht nachgewiesen, aber in Davids Leipziger Zeit fällt eine Reihe von Aufführungen mit anderen Geigern, so mit Uhlrich 1836. Von einer späteren Aufführung berichtet Robert Schumann[43]:

> *Einer der reichsten Musikabende aber, wie er vielleicht selten in der Welt zu hören, war der des 11. Februar* [1841], *der nur Beethovensches brachte*[44]. *Auch schien uns der Saal glänzender als je gefüllt; das Orchester, gedrängt voll von Sing- und Spiellustigen, gewährte einen schönen Anblick. Unter den Gästen ward bald auch die geniale Künstlerin entdeckt, die Beethoven selbst zu einer seiner*

[41] Angaben nach Andreas Moser: *Geschichte des Violinspiels*, Berlin 1923, S. 507

[42] Angaben nach Georg Kinsky: *Das Werk Beethovens*, München 1955, S. 147

[43] Robert Schumann: *Gesammelte Schriften über Musik und Musiker*, hg. v. Heinrich Simon, Band 3, Leipzig o. J., S. 88f.

[44] Das Konzert fand statt in der Reihe der »historischen« Konzerte, die Mendelssohn in der Saison 1840/41 dirigierte: voraufgegangen waren Programme, die Bach, Händel, Haydn und Mozart gewidmet waren. Es scheint also Ausdruck für den Wandel der Anschauung zu sein, daß Mendelssohn bewußt das Violinkonzert als Teil dieses exemplarischen Konzertes ins Programm setzte.

größten Schöpfungen, zum Fidelio, gesessen zu haben scheint: Mad. Schröder-Devrient, die der Zufall zu günstiger Stunde gerade nach Leipzig geführt hatte. So waren denn edle Kunstnaturen genug

Ludwig van Beethoven, Gemälde von Joseph Willibrord Mähler

bei einander, um Beethoven in würdigster Weise zu vertreten. Auch der junge Russe Gulomy darf nicht unerwähnt bleiben, der, noch wenig gekannt, durch das Spiel des Violinkonzertes in D-dur sich Achtung erwarb und sie verdiente. Das Konzert brachte denn
die Ouverture zu Leonore in C dur,
Kyrie und Gloria aus der Messe in C, Werk 86,
das erwähnte Violinkonzert,
Adelaide, und zum Schluß
die neunte Symphonie.
[...] *Den Namen des Spielers des Violinsatzes nannten wir eben. Die Komposition gehört zu Beethovens schönsten und ist, was Erfindung anlangt, wohl in gleichem Range mit seinen früheren Symphonien zu stellen. Am Spiele des Virtuosen hätten wir manches zarter, singender, deutlicher gewünscht; in den feurigen Stellen ließ es nichts zu wünschen übrig. Die eingeflochtenen Kadenzen waren nicht von Beethoven, wie schnell genug zu bemerken.* [...]

Der erste Geiger, der sich eindrücklich und nachhaltig für das Beethoven-Konzert einsetzte, war wohl Joseph Joachim. Der am 28. Juni 1831 in Kittsee bei Preßburg geborene Geiger hatte zuerst Unterricht bei dem führenden Wiener Geiger Joseph Böhm und mag schon hier mit dem Beethoven-Konzert in Kontakt gekommen sein. Über seinen weiteren Weg berichtet Wasielewski[45]:

Im Frühling 1843, also in einem Alter von zwölf Jahren, kam er, ausgestattet mit einer musterhaft durchgebildeten Technik, nach Leipzig und trat dort am 19. August in einem Konzert der Sängerin Viardot-Garcia auf. Felix Mendelssohn Bartholdy, der sogleich ein lebhaftes Interesse für den äußerlich unscheinbaren Knaben gewann, gewährte ihm die Auszeichnung, bei seinen Vorträgen selbst die Klavierbegleitung zu übernehmen. Joachims musikalische Zukunft war hiermit entschieden. Der feinsinnige Schöpfer der Sommernachtstraummusik zog den Kunstjünger in seine Nähe, und im häufigen Verkehr mit ihm und anderen vorzüglichen Künstlern Leipzigs gewann Joachim während der folgenden Jahre eine höhere künstlerisch-ästhetische Bildung, die sein geistiges Wesen aufs

[45] Wilhelm Joseph von Wasielewski: *Die Violine und ihre Meister*, Leipzig 6. Aufl. 1920, S. 496f.

glücklichste entwickelte und ihm eine dem Virtuosenstandpunkte durchaus entgegengesetzte gediegene Richtung gab. [...] *Sein erstes Auftreten in London mit noch nicht ganz 13 Jahren neben den renommiertesten Künstlern jener Zeit (Mendelssohn, Thalberg, Sivori, Parish-Alvars u. a.) hatte am 19. Mai 1844 statt; wenige Tage darauf (27. Mai) spielte er sodann ebendort unter Mendelssohns Direktion zum ersten Mal das Beethovensche Violinkonzert öffentlich – ein denkwürdiger Tag in der Geschichte des modernen Violinspiels.*

Über diese Aufführung berichtet der Londoner Korrespondent der *Neuen Zeitschrift für Musik*[46]:

Im 5ten philharmonischen Concerte spielte der sehr jugendliche Jos. Joachim, und nicht blos die Kunstfertigkeit, sondern mehr noch die Reife und Tüchtigkeit der Auffassung, des Geschmacks, mit welcher er das Beethoven'sche Violinkonzert vortrug, erregte die lebhafteste Sensation.

Joachim spielte das Beethoven-Konzert nicht nur in London; er debütierte damit am 13. Dezember 1852 in einem Konzert des Sternschen Gesangvereins in Berlin und im Mai 1853 beim 31. Niederrheinischen Musikfest unter Robert Schumann in Düsseldorf.

Seitdem gehört das Konzert nicht nur zum eisernen Repertoire jedes Geigers, der mehr sein will als bloß Virtuose; es hat darüber hinaus zugleich die Bedeutung eines Prüfsteins für die künstlerische Reife des Ausführenden erlangt. Denn man kann ein ausgezeichneter Geiger sein und doch mit dem Stück nichts anzufangen wissen, wenn man nicht zugleich ein feinsinniger Musiker ist, der den Gehalt der Komposition auch geistig ergründet hat.[47]

Andere große Geiger des 19. Jahrhunderts scheinen – soweit man weiß – das Beethoven-Konzert nicht gespielt zu haben: weder von Paganini noch von Kreutzer, von Rode oder von Spohr ist es bekannt. Spohr berichtet aber, in einem Brief an seinen Freund Moritz Hauptmann, von einer Einladung nach Hannover im Frühjahr 1855[48]:

[46] zit. nach *Neue Zeitschrift für Musik*, Band 41, Leipzig 1844, S. 63
[47] Moser, a. a. O., S. 507f.
[48] zit. nach Louis Spohr: *Selbstbiographie*, Band 2, Kassel 1861, S. 368ff.

Die kleine Exkursion nach Hannover hat mir viel Vergnügen gewährt. Ich spielte Quartett beim König, und es schien mir, als reiche seine Kunstbildung so weit, um an dieser Musikgattung Geschmack zu finden [...] *Am dritten Tag war Vormittags die Generalprobe und Abends das Concert zum Besten der Armen, zu welchem mich der König nach Hannover hatte einladen lassen. Ich dirigirte die erste Hälfte, bestehend in der Ouvertüre und dem Duett aus »Jessonda« und meiner Symphonie* [...] *Den zweiten Teil des Concerts dirigirte Fischer. Er bestand in der Ouvertüre zu »Euryanthe«, dem Beethoven'schen Violin-Concert mit neuen Joachim'schen übermäßig langen, sehr schweren, aber undankbaren Cadenzen und einigen Nummern aus »Lohengrin«. Das Concert war überfüllt und muß der Armenkasse eine bedeutende Summe eingetragen haben.*

Solist des Violinkonzertes war auch hier Joachim, seit 1853 Konzertmeister des Hoforchesters in Hannover.

Durch seine reiche Schülerzahl hat Joachim nicht nur als Geiger, sondern auch als Pädagoge das Beethoven-Konzert auf allen Konzertpodien durchgesetzt: zu seinen Schülern zählte bereits in Hannover Leopold Auer, der Nestor der russischen Violinschule. Im dritten Band seiner *Violinschule*, die Joachim mit seinem Schüler Andreas Moser herausgab, befindet sich auch eine instruktive Ausgabe des Beethoven-Konzertes mit wichtigen geigentechnischen Hinweisen. Dort finden sich auch Joachims Kadenzen, die lange zu den meistgespielten gehörten. Berühmt wurden neben ihnen die Kadenzen von Fritz Kreisler und seinerzeit die 1914 komponierten von Ferruccio Busoni, der – wie Beethoven in der Klavierfassung – Pauken und darüberhinaus das Streichorchester mit einbezog.

Heute ist das Beethovensche Violinkonzert in seiner Geltung unbestritten: nicht nur, daß es für die in der gleichen Tonart stehenden Konzerte von Brahms (op. 77) und von Busoni (op. 35) in vielen Details Vorbild war, es gilt heute ohne Einschränkung als »das« klassische Konzert. Deutlich wird dies etwa in einem Interview mit dem jungen russischen Geiger Gidon Kremer[49]:

Ich habe das Beethoven-Konzert nicht einmal bei Oistrach gespielt, obwohl es eigentlich selbstverständlich war, daß man ein so bedeu-

[49] zit. nach Wolf-Eberhard von Lewinski: *Gidon Kremer*, München/Mainz 1982, S. 99f.

tendes Werk, vielleicht das schönste Konzert für Violine überhaupt, in der Klasse Oistrachs erlernte. Aber dieses Werk war für mich immer ein Gipfel, es war mir so heilig, daß ich sogar Angst hatte, es zu studieren. [...] *Das Beethoven-Konzert ist ein Werk, das einen Künstler, einen Menschen sein Leben lang begleiten kann, ein Konzert, das wohl unerreichbar bleibt. Vor allem durch seine geistige Substanz – also nicht von der technischen Seite her, von der her Beethoven schwierigere Werke geschrieben hat. Die Klarheit des Violinkonzertes hat eine Höhe erreicht, mit der das Werk über alle virtuosen Effekte, alle mittelmäßigen Arbeiten der moderneren Musik hinausragt und für alle Zeit ein Höhepunkt bleiben dürfte.*

Analyse und Interpretation

Zur geschichtlichen Entwicklung, zu Gattungsentwicklung und Stellung in Beethovens Gesamtwerk

Betrachtet man das heute gebräuchliche Repertoire der klassischen Violinkonzerte, so zeigt sich, daß – so dicht die zweite Hälfte des 19. Jahrhunderts mit den Konzerten von Bruch, Tschaikowsky, Brahms, Dvořák, Lalo und Saint-Saëns besetzt ist – in der Zeit davor eine erhebliche Lücke klafft. Zwischen den Violinkonzerten von Mozart, die 1775 entstanden, und dem Konzert von Beethoven aus dem Jahre 1806 liegen mehr als dreißig Jahre, fast vierzig sogar zwischen dem Beethoven-Konzert und dem 1844 uraufgeführten Konzert von Felix Mendelssohn Bartholdy. Will man also versuchen, die Entwicklung des Violinkonzertes um die Wende zum 19. Jahrhundert darzustellen, so ist ein Rückgriff auf Komponisten und Werke notwendig, die heute vielfach kaum noch dem Namen nach bekannt sind.

Schon in der zweiten Hälfte des 18. Jahrhunderts verlagerte sich das Zentrum des Violinspiels und so auch der virtuosen und konzertanten Violinliteratur von Italien nach Frankreich. Nach dem Tod von Giuseppe Tartini (1770) war – noch zu Lebzeiten Nardinis – der Tartini-Schüler Pierre Gaviniès[50] einer der wichtigsten Geiger seiner Zeit: er beherrschte für einige Jahrzehnte – und in der Nachfolge von Leclair – nicht nur die Pariser Konzertsäle, sondern wirkte auch als Komponist von Violinkonzerten und virtuosen Solostücken sowie als Pädagoge. Formal orientierten sich diese Werke an den seit den mittleren sechziger Jahren in Frankreich bekannten und beliebten Werken Haydns; es ist – auf naturgemäß eher vereinfachtem Niveau – der Versuch, die sinfonische Satzform eines Haydn oder Carl Stamitz mit der virtuosen Gestik einer sich emanzipierenden Sololiteratur zu vereinen. Nach Gaviniès waren es die Violinkonzerte des gebürtigen Italieners Giovanni Battista

[50] Pierre Gaviniès, geboren am 11. Mai 1728 in Bordeau, gestorben am 8. September 1800 in Paris, Schüler von Tartini, seit 1748 ständiger Solist der Concerts spirituels, die er von 1773–77 leitete. Seit 1796 Lehrer am neugegründeten Conservatoire. Gaviniès komponierte sechs Violinkonzerte, zahlreiche Sonaten und Etüden, die noch heute im Gebrauch sind.

Giovanni Battista Viotti (1755–1824)

Viotti[51], die – zwischen 1782 und 1792 in Paris und danach in London entstanden – nun stilbildend waren. Viotti, der sich in Paris sehr schnell durchsetzen konnte und dort ebenso als Pädagoge wirkte, begründete die sogenannte »französische Violinschule«, die bis in die Mitte des 19. Jahrhunderts hinein kompositorisch in ganz Europa als führend anerkannt war und in der Technik und Stilistik des Spiels bis heute – etwa in dem belgischen Geiger Arthur Grumiaux oder – auf dem Weg über dessen Lehrer Eugène Ysaye und George Enescu – auch bei Yehudi Menuhin noch spürbar ist. In Viottis bis 1805 entstandenen insgesamt neunundzwanzig Violinkonzerten (Brahms schätzte besonders das auch heute noch bisweilen gespielte Konzert Nr. 22 in a-Moll),

[51] Giovanni Battista Viotti, geboren am 12. Mai 1755 in Fontanetto am Po, gestorben am 3. März 1824 in London, Schüler von Pugnani, seit 1782 in Paris, wo er große Erfolge hatte, aber auch unterrichtete und ein eigenes Theater leitete. Seit 1792 in London, 1794/95 Konzertmeister der Salomon Concerts, bei denen Haydns letzte Sinfonien aufgeführt wurden.

von denen heute noch einige im Instrumentalunterricht auftauchen, hat sich so etwas wie eine verbindliche Formstruktur herausgebildet: der Kopfsatz ist oft geprägt durch Marschtöne oder die Hymnengestik der französischen Revolutionsmusik, formal ist er in der Regel ein einfacher Sonatenhauptsatz, dessen Thematik sich weitgehend auf die Orchestertutti konzentriert, während die – zumeist drei – Soli eher figurative Spielelemente enthalten. Der langsame Satz, fast immer dreiteilig, schlägt in der Regel einen wehmütigen Romanzenton an, hat also ausgesprochen vokale Qualitäten; es wäre sicherlich nicht falsch, ihn als verzierte Instrumentalarie zu bezeichnen. Die Finali haben durchweg Rondoform, sehr oft im $\frac{6}{8}$-Takt und mit Jagdcharakter. Neben den Werken von Viotti beherrschten dessen Schüler Rodolphe Kreutzer[52] mit neunzehn Konzerten, Pierre Rode[53] mit dreizehn Konzerten und Pierre Baillot[54] mit neun Konzerten die Gattungsentwicklung zwischen der Jahrhundertwende und der beginnenden Romantik. Die spezifische Geigentechnik, die sich damals entwickelte (das Spiel in extrem hohen Lagen, das melodische Doppelgriffspiel, insbesondere in Terzen und Sexten, sowie der Einsatz des künstlichen Flageolets), prägte nicht nur die Werke der genannten Komponisten, sondern fast alle Violinliteratur, die damals in Europa entstand. Wie lange diese Vorherrschaft anhielt, erhellt die Tatsache, daß zwischen 1800 und 1853 ausschließlich die Violinkonzerte Viottis bei den öffentlichen Abschlußwettbewerben des Pariser Conservatoires gespielt wurden. Lediglich die geigerische Ausnahme-Erscheinung Paganini konnte diese Entwicklung seit der

[52] Rodolphe Kreutzer, geboren am 16. November 1766 in Versailles, gestorben am 6. Januar 1831 in Genf, Schüler seines Vaters und von Stamitz, in den achtziger Jahren auch von Viotti, lernte 1798 Beethoven kennen, der ihm seine Violinsonate op. 47 widmete. Er schrieb 19 Violinkonzerte, Kammermusik sowie heute noch gebräuchliche Etüden und gab zusammen mit Rode und Baillot die verbindliche Violinschule des Conservatoire heraus, an dem er seit 1795 Professor war.

[53] Pierre Rode, geboren am 16. Februar 1774 in Bordeau, gestorben am 26. November 1830 in Château-de Bourbon, seit 1787 Schüler Viottis, Soloviolinist an der Opera (bis 1799), seit 1795 Professor am Conservatoire, von 1803 bis 1808 in St. Petersburg, danach reisender Virtuose.

[54] Pierre Baillot, geboren am 1. Oktober 1771 in Passy, gestorben am 15. September 1842 in Paris, studierte bei Pollani und Viotti, war seit 1795 Professor am Conservatoire, reiste in ganz Eruopa und war von 1821–32 Sologeiger der Opéra und der Königlichen Kapelle. 1814 veranstaltete er die ersten öffentlichen Quartettabende in Paris, 1834 erschien seine *L'art du violon*, die bis heute benutzt wird.

Mitte des zweiten Jahrzehnts des 19. Jahrhunderts beeinflussen – allerdings nicht in kompositorischer Hinsicht, denn hier sind alle Werke von Viotti, Kreutzer oder Rode den primitiven Stücken Paganinis deutlich überlegen.

Die Gattungsentwicklung dieser französischen Violinkonzerte steht überdies in engem Zusammenhang mit der allgemeinen Entwicklung der französischen Musik nach 1789 – der revolutionäre Elan, der die Musik der neunziger Jahre in ihren Märschen und Hymnen, in den Revolutions- und Schreckensopern beseelte, prägte auch die Violinkonzerte: der dramatische Impuls, der Marschcharakter wie die oft vokale Führung des Soloinstruments zeigen sich beeinflußt durch den herrschenden Opernstil; ja zum Teil – wie bei Kreutzer – schrieb ein Komponist zugleich Opern und Konzerte.

Diese französische Geigenschule wirkte schon in den achtziger Jahren auf Deutschland und Wien: sind Mozarts Violinkonzerte noch weitgehend italienisch beeinflußt, so instrumentierte er für eine Wiener Aufführung 1786 das Viotti-Konzert Nr. 16 e-Moll neu[55], auch hat man in seinem C-Dur-Klavierkonzert KV 467 wie in späteren Werken Einflüsse Viottis nachgewiesen[56].

Aus Beethovens Biographie ist hinreichend bekannt, daß dieser sich nicht nur politisch für die Französische Revolution und für ein republikanisches Frankreich begeisterte, sondern die Entwicklung der französischen Musik sehr aufmerksam studierte; was für Mozart der italienische Einfluß war, ist für Beethoven, seit seiner Bonner Zeit, der französische: Stoffwahl und Sujet des *Fidelio* stammen ebenso aus französischen Quellen, wie zahlreiche Werke, insbesondere der mittleren Schaffensperiode, nach melodischen und rhythmischen Modellen der Musik eines Méhul oder Gossec entwickelt wurden, und Luigi Cherubini, der seit 1788 in Paris lebte und mit dem Beethoven 1805 zusammentraf, galt ihm – wie er mehrfach betonte – als der größte lebende Komponist.

Unter diesen Umständen ist es nicht verwunderlich, daß Beethovens Violinkonzert in vielen Details der Satzart wie des spezifischen Geigenstils von den Werken der französischen Geigenschule abhängig ist; Boris Schwarz hat in einem faktenreichen Aufsatz die Zusammenhänge

[55] vgl. Köchel-Verzeichnis, 7. Auflage, KV 470
[56] Alfred Einstein, *Essays on Music*, New York 1956, S. 245

mit Konzerten von Viotti, Kreutzer und Rode nachgewiesen[57]; insbesondere ist es die Art der Figuration, für die es zahlreiche Parallelen gibt.

In Beethovens Schaffenszusammenhang gehört das Violinkonzert in die mittlere Schaffensepoche, der auch die 4. Sinfonie, der *Fidelio* sowie die Streichquartette op. 59 angehören. In der Reihe der insgesamt sieben Solokonzerte Beethovens (die Chorfantasie op. 80 steht in einem anderen Gattungszusammenhang, das Es-Dur-Klavierkonzert von 1784 ist ein noch unselbständiges Jugendwerk) ist das Violinkonzert das vorletzte; voraufgegangen sind ihm die Klavierkonzerte op. 19 (1798), op. 15 (1799), op. 37 (1800) und op. 58 (1806) sowie das Tripelkonzert op. 56 (1804), das die damals in Wien längst abgelegte, aber in Frankreich weiterhin gepflegte Gattung der Sinfonia concertante ausfüllt. Das Klavierkonzert op. 73 (1809) steht bereits am Ende dieser mittleren Schaffensperiode. Der stilistische Zusammenhang der genannten um 1805 entstandenen Werke ist unüberhörbar; darüber hinaus hat Harry Goldschmidt den engen motivischen Zusammenhang des Violinkonzertes mit anderen Werken dieser Phase herausgearbeitet – er stellt zahlreiche Parallelen zur 4. Sinfonie, zum 4. Klavierkonzert, zum *Fidelio* und zum F-Dur-Quartett op. 59 Nr. 1 fest[58]. Selbst wenn man die Motivübernahmen, Motivumbildungen oder gemeinsamen Ausgangspunkte, die – wie immer bei Beethoven – auf fast trivial anmutende Gestalten zurückgehen, nicht überbewertet, so wird doch deutlich, daß diese Motive und Themen alle einem Ausdrucksbereich angehören, der mit den Adjektiven »lyrisch« und »elegisch« sicherlich richtig beschrieben wäre. Was Beethoven insbesondere im G-Dur-Klavierkonzert op. 58 und im Violinkonzert anstrebt, ist eine höchst subtile Durchdringung des konzertanten und des sinfonischen Prinzips.

[57] Boris Schwarz: *Beethoven and the french violin school*, in: *Musical Quarterly* 44, 1958, S. 431–447

[58] Harry Goldschmidt: *Motivvariation und Gestaltmetamorphose. Zur musikalischen Entstehungsgeschichte von Beethovens Violinkonzert*, in: *Festschrift Besseler*, Leipzig 1961, S. 389–424, wieder abgedruckt in Harry Goldschmidt: *Um die Sache der Musik*, Leipzig 1970, S. 27–59

Satz- und formanalytische Anmerkungen

Beethovens Violinkonzert ist dreisätzig in der uns vertrauten Konzertform: ein großangelegter Kopfsatz, der – mit bemerkenswerten Abweichungen – auf den Prinzipien der Sonatensatzform mit den für Solokonzerte typischen Expositionsverdoppelungen basiert; ein langsamer Mittelsatz, hier eine dreiteilige Romanze nach französischem Muster, ohne eigentlichen Schluß (wie übrigens auch in den Klavierkonzerten op. 58 und op. 73), sondern mit einer kadenzartigen Überleitung zum Finale; und schließlich ein 6/8-Takt-Rondo in Gestalt und Gestus der beliebten Jagd-Rondos. Bemerkenswert ist die zeitliche Ausdehnung: allein der deutlich über 500 Takte umfassende Kopfsatz dauert – mit Kadenz – in der Regel etwa 20 bis 22 Minuten; Romanze und Finale erstrecken sich auf nochmals etwa 18 Minuten: mit einer Spieldauer von etwa 40 Minuten übertrifft das Violinkonzert alle bisherigen Solokonzerte Beethovens und wird seinerseits lediglich vom Klavierkonzert op. 73 noch überboten. Die vergleichbaren Violinkonzerte der Zeit zwischen 1790 und 1810 dauern in der Regel höchstens 25 Minuten. Schon dieser zeitliche Anspruch dürfte Zuhörer und Kritiker der ersten Aufführungen verwirrt und verunsichert haben. Hinzu kommt ein anderes Element, das das Violinkonzert auch von dem ähnlich lyrischen Klavierkonzert op. 58 aus demselben Jahr 1806 unterscheidet und worauf bereits Thayer hingewiesen hat. Anders als beim Klavier ist ein Rivalisieren mit dem Orchester *für die Violine durch ihre Verweisung auf die obere Hälfte des Tongebietes ausgeschlossen. Durch die fast absolute Unmöglichkeit, bei den Soli selbst die Harmonie zu fundamentieren, ist die Violine gezwungen, auch wenn sie solistisch hervortritt, doch ein oder das andere Orchesterinstrument zu Hilfe zu bitten, und es ist bewundernswürdig, wie diskret Beethoven diese Aufgabe gelöst hat. Niemals kann aber die Violine so vom Orchester losgelöst werden wie das Klavier, unter allen Umständen bleibt das Schlußergebnis beim Violinkonzert die solistische Herausstellung der überlegensten und vollkommensten Orchesterstimme; die Zugehörigkeit des Instruments zum Orchester wird niemals ganz aus den Augen verloren. Erstaunlich bleibt aber die Leistung, daß es Beethoven gelungen ist, diese Rolle der Violine durchzuführen, ohne daß der symphonische Charakter auch nur einen Moment durch virtuosenhaftes Gebaren in Frage gestellt wird. Wenn schon lange vor ihm die Violine als die eigentliche Seele, die berufene*

Hauptstimme des Orchesters erkannt war, der gegenüber hohe Bläserstimmen nur in zweiter Linie und vorübergehend in Frage kommen können, so ist die Solovioline des Beethovenschen Konzertes wiederum die beredte Sprecherin im Namen des Tutti der Violinen. Mag sie in den höchsten Lagen wie eine Engelstimme den Gesang aller Instrumente übertönen, wie in verschiedenen Stellen des ersten Satzes, oder mit dem sonoren Altklange der G-Saite überraschen, wie zu Anfang des Schlußsatzes, immer wird sie als die höchste Blüte des Orchesters selbst bewundert werden, nicht aber demselben als Rival gegenüberstehen.[59]

I. Satz: *Allegro ma non troppo*, 4/4-Takt, D-Dur, 535 Takte

Der erste Satz des Violinkonzertes von Beethoven ist – über mehr als 500 Takte hin – von großer klanglicher und ausdruckshafter Einheitlichkeit. Es überwiegt das lyrisch-kontemplative Moment; die sonst für Beethoven so typischen pathetisch-heroischen Elemente sind weitgehend ausgespart. Verstärkt wird dieser Eindruck des Einheitlichen, Kontrastarmen dadurch, daß Beethoven weitgehend auf Themen-Polarität verzichtet. Er verwendet in der Tutti-Exposition (T. 1–88) insgesamt acht Themen und Motive, die sich jedoch in ihrem Ausdrucksgestus, der lyrisch-kantabel ist, wenig unterscheiden; das einzig kontrastierende Motivelement, das von diesem Grundcharakter ins Pathetische abweicht, bleibt aufs Tutti beschränkt und hat lediglich gliedernd-episodische Funktion. Eröffnet wird der Satz mit einem fünftönigen Motiv in der Pauke

[59] zit. nach Thayer-Deiters-Riemann, a. a. O., S. 539ff. Im Unterschied zu der reichlich fließenden philologischen Literatur zum Beethoven-Konzert finden sich kaum ins Detail gehende analytische Arbeiten. Die meisten Beethoven-Monographien beschränken sich auf knappe oder hermeneutisch-schmückende Beschreibungen, und die eher strukturspezifische Elemente der Beethovenschen Tonsprache untersuchenden Arbeiten exemplifizieren dies an anderen Werken, vornehmlich den Sinfonien, Streichquartetten und Klaviersonaten. Hinweise – allerdings in einer durch Alfred Lorenz angeregten und am Werk Richard Wagners entwickelten, hier wenig hilfreichen Nomenklatur – finden sich in dem Aufsatz von Hans Joachim Moser: *Die Form von Beethovens Violinkonzert*, zuerst im *Neuen Beethoven-Jahrbuch* Band IX, 1939, wieder abgedruckt in ds.: *Musik in Zeit und Raum. Ausgewählte Abhandlungen*, Berlin 1960, S. 198–205

– zugleich so etwas wie eine metrische Festlegung als auch ein klanglich fixiertes Motto, eine Art »Vorhang«, wie Beethoven sie gerade in der mittleren Schaffensphase häufig benutzte[60]. Die motivische Bedeutung dieses zu Beginn eher unscheinbaren metrisch-rhythmischen wie klanglichen Elements erhellt allein aus der Tatsache, daß es im Verlauf des Satzes mehr als siebzigmal auftaucht und einen wichtigen Durchführungsabschnitt beherrscht; darüber hinaus ist es aufgrund seiner einfachen Struktur in verschiedenen satztechnischen Funktionen verwendbar.[61]

Diesem Paukenmotiv schließt sich das Hauptthema des Satzes an: geprägt durch den weichen Holzbläserklang von Oboen, Klarinetten und Fagotten, von regelgerechter Achttaktigkeit mit jeweils viertaktigem Vorder- und Nachsatz, wobei auch innerhalb von Vorder- und Nachsatz die Periodik von – synkopiertem oder punktiertem – zweitaktigem Beginn und gleichmäßig in Vierteln ausschwingendem Beschluß durchgehalten ist. Die seufzerhafte weibliche Endung unterstreicht den Charakter des Lyrisch-Elegischen.

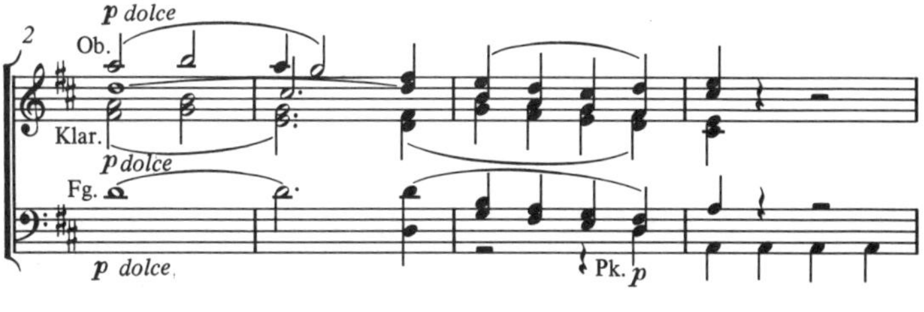

[60] vgl. dazu: Kurt von Fischer: *Die Beziehungen von Form und Motiv in Beethoven's Instrumentalwerken*, Baden-Baden ^{2}1972, S. 119 und 148; aber auch Paul Mies: *Die Bedeutung der Pauke in den Werken Ludwig van Beethovens*, in: *Beethoven-Jahrbuch* Band 8, 1971/72, Bonn 1975, S. 49–71

[61] von Fischer, a. a. O., S. 119

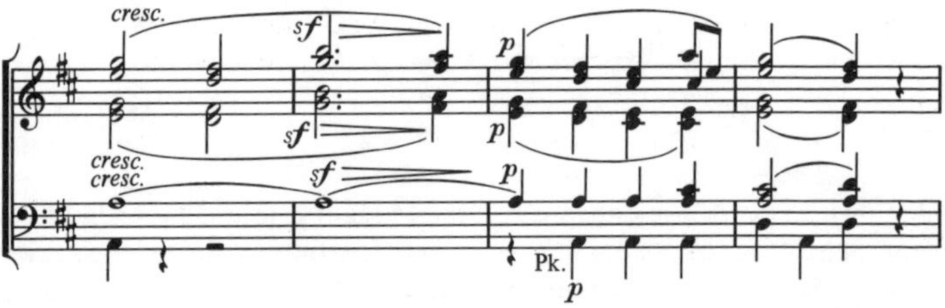

Durch das Hauptthema ist auch die Grundtonart D-Dur – mit einfachster Kadenzierung – festgelegt; um so überraschender der dissonierende Einsatz des dis in den ersten Violinen, das im Paukenrhythmus repetiert wird; durch das nachfolgende cis wird das Motiv – wenn man so will – melodisiert und umgeformt:

Die harmonische »Irritation« bleibt jedoch ohne Folgen, ebenso wie der Wechsel des Ausdruckscharakters; in wiederum regelgerechter Viertaktigkeit (T. 14–17) führt eine kantable Kadenz zurück zur Tonika D-Dur, in der sich ein viertes, sequenzierendes Motiv anschließt, das nicht viel mehr ist als die zuerst in Oktaven, dann ausgeterzt aufsteigende D-Dur-Tonleiter in Klarinetten und Fagotten.

Eine absteigende Kadenz-Beantwortung leitet über Dominante und Doppeldominante zu einem zweiten Kontrastelement: anstelle des erwarteten D-Dur setzt in B-Dur ein zweitaktiges Motiv ein, das aus einer repetierten Sechzehntelkette und im Dreiklang aufsteigenden

Achteln besteht: Kontrast schafft aber nicht nur der harmonische Überraschungseffekt, sondern auch der erste *fortissimo*-Ausbruch des ganzen Orchesters.

Dieses zweitaktige Motiv wird auf engstem Raum »durchgeführt«, es wird zuerst auf einen Takt, dann auf einen halben verkürzt (T. 32–34), dann wird die harmonische Spannung des Motivs, insbesondere die Vorhaltsharmonik, in einer doppelschlagähnlichen Figur melodisch ausformuliert; in einer chromatisch sequenzierten Kette (T. 39–42) bildet es zugleich die Rückleitung zum dominantischen A-Dur, auf das dann das Seitenthema (T. 43–50, s. unten), regelwidrig ebenfalls in D-Dur anstelle der Dominante A-Dur, einsetzen kann. Dieser Zwischenteil, der, wie alle Motive des Satzes außer den beiden Themen, formal offen ist und sich somit zur Entwicklung wie als Zwischensatz verwenden läßt, hat doppelte Funktion: er bildet zum einen in harmonischer Hinsicht jenes Vermittlungselement, das es erlaubt, Haupt- und Seitenthema in D-Dur einsetzen zu lassen, ohne daß dies eintönig wirkte, und er hat zudem klanglich und dynamisch die Funktion eines in sich gegliederten Kontrastelements; in dieser zweiten Funktion tritt er im Verlaufe des Satzes noch zweimal auf.

Das Seitenthema zeigt melodisch und rhythmisch größte Ähnlichkeit mit dem Hauptthema: es ist wiederum »quadratisch« gebaut und besteht aus zweitaktigen, einander beantwortenden Perioden; auch der Holzbläsersatz und das – hier im Streicher-Staccato – auftretende Paukenmotiv fehlen nicht; die Frage, ob man nicht eher – schon aus harmonischen Gründen – von einer melodisch allerdings selbständigen Variante des Hauptthemas sprechen sollte, liegt nahe; der weitere Satzverlauf liefert jedoch die Legitimation als Seitenthema nach.

Das Seitenthema wird nach seiner Exposition und nach einer knappen Zwischendominante in d-Moll wiederholt, zum Kontrast der Tongeschlechter tritt der der Instrumentation: dem horngestützten Holzbläsersatz schließt sich der Streichersatz an, dem Hörner, Trompeten und Pauken das rhythmische Paukenmotiv entgegensetzen. Auf die achttaktige Moll-Wiederholung folgen – sequenzierend und fortspinnend – weitere aus dem siebten Thementakt abgeleitete melodische Elemente, die erneut nach A-Dur modulieren. Wie schon in T. 10 erklingt auch diesmal – allerdings eher vermittelt – das repetierte dis der Violinen, jedoch als verminderter Akkord harmonisiert und mit einer rhythmisch aus dem Skalenmotiv abgeleiteten Drehfigur ergänzt – eine Variante, die wiederum als eigenständiges Motiv aufgefaßt werden kann, auch wenn der Bezug zum Paukenmotiv unverkennbar ist.

Über fis-Moll und A-Dur modulieren tremolierte Dreiklangsbrechungen der Streicher zurück nach D-Dur (T. 73) und bereiten als Zwischensatz den Einsatz der Schlußgruppe der Tutti-Exposition vor (s. Bsp. rechts, T. 77–86). Das ihr zugrundeliegende Motiv, das im dominantischen zweitaktigen Wechsel zwischen Primgeigen und Bässen gespielt wird, besteht aus dem aufwärtsführenden D-Dur-Dreiklang und einer enggestuften Kadenzierung zum dominantischen cis; Eduard Melkus[62] hat auf die enge melodische Verwandtschaft mit dem schlesischen Volkslied *O Freude über Freude, ihr Nachbarn kommt und hört*[63] hingewiesen; da sich Beethoven ja im Frühherbst 1806, als er mit der Konzeption des Violinkonzertes umging, als Gast auf Schloß Grätz bei Troppau in Schlesien befand, mag eine – bewußte oder unbewußte –

[62] Eduard Melkus: *Zur Interpretation des Violinkonzertes op. 61 von Ludwig van Beethoven*, in: *Österreichische Musikzeitschrift* 19, 1964, S. 159–173

[63] Erk-Böhme: *Deutsche Volkslieder*, Leipzig 1893, die dieses Lied bereits 1753 nachgewiesen haben

Übernahme und Umwandlung durchaus wahrscheinlich erscheinen; zumal Beethoven solchem Zitieren – wie die »Thèmes russes« der Streichquartette op. 59 zeigen – nicht abgeneigt war. Hinzu kommt – was aufgrund der harmonischen und melodischen Voraussetzungen naheliegend ist – wiederum eine enge motivische Verwandtschaft mit Haupt- und Seitenthema.

Will man versuchen, die Formidee Beethovens für diese ausgedehnte Tutti-Exposition zu resümieren, so kann man davon ausgehen, daß er die intendierte doppelte Exposition, die er nicht – wie in den Klavierkonzerten – zu konzentrieren trachtete und die aufgrund des primär melodischen Charakters des Soloinstruments in weiten Teilen identisch zu werden drohte, dadurch zu legitimieren suchte, daß er eine melodisch reiche, aber harmonisch einheitliche, den Tonikabereich festigende und den Dominantbereich weitgehend aussparende Tutti-Exposition schrieb, der sich eine – harmonisch abgesetzte – Solo-Exposition begründet anschließen konnte.

Diese Solo-Exposition (T. 89–284) ist um mehr als das Doppelte umfangreicher als ihr Tutti-Gegenstück. Eröffnet wird sie mit einer Art auskomponierter Solokadenz – harmonisch nicht mehr als die Kadenzierung von der Dominante A-Dur zur Tonika D-Dur, erlauben die T. 89–101 dem Soloinstrument, den ihm hier zur Verfügung stehenden Tonraum – vom tiefen gis bis zum viergestrichenen d – in Oktavaufgängen sowie in triolischen und Sechzehntel-Figurationen auszuspielen. Das sich anschließende Hauptthema, das die Violine über eine Auftakttriole erreicht, zeigt – in der Verteilung der melodischen und motivischen Gewichte – sogleich die Art der konzertanten Rollenverteilung: die Violine umspielt in Figurationen das von den Holzbläsern unverändert vorgetragene Hauptthema. Die Vermittlung sinfonischer und konzertanter Prinzipien, um die es dem Komponisten hier geht, wird so erreicht, daß das thematische Material fast ausschließlich dem begleitenden Orchester vorbehalten bleibt, während der Solopart überwiegend aus figurativen Varianten des thematisch-motivischen Materials oder aus Spielfigurik besteht. Eine kleine Statistik mag dies belegen: von den 125 Solotakten der Exposition sind lediglich 23 als thematisch oder als variative Abwandlung von thematischem Material zu definieren; 102 Takte aber gelten einer spezifisch geigerischen Spielfigurik. Dabei ist festzuhalten, daß diese Spielfigurik – von den ersten, kadenzartigen Abschnitten abgesehen – verstanden wird als geigerischer Kontrapunkt zu Themen- und Motivabschnitten, die im Orchester gespielt werden. Schon daraus – dies nur in Parenthese – mag erhellen, wie wenig idiomatisch und in der Rollenverteilung instrumentengerecht die Klavierübertragung ausfallen mußte. Naturgemäß orientiert sich die Solo-Exposition vorerst am Ablauf der Tutti-Exposition: die T. 110–121 entsprechen, mit kleinen Abweichungen und unter Hinzufügung des figurativen Soloparts, den T. 10–21; doch anstelle der Abkadenzierung im Tutti tritt hier eine verstärkende, in Sechzehntelgruppen gegliederte Motivwiederholung in den Streichern (T. 122–125), dem sich eine – nach d-Moll gewendete – erneute Wiederholung in der Solovioline anschließt. Durch diese »Verlängerung« des Motivs aus T. 18f. (s. S. 44 unten) und durch einen figurativen Einschub, in dem Sechzehntelketten in der unteren Violinlage dominieren, die von einzelnen auftaktigen Figuren in Holzbläsern und Streichern im Wechsel begleitet werden, erreicht der Komponist »unter Umgehung« des Motivs aus Takt 28ff. (s. S. 45 oben) die Dominante A-Dur, in der jetzt, dem Schema entsprechend, das Seitenthema (T. 144–151) eintreten kann; bemerkenswerterweise erneut – über einem Triller der Solovioline – in den Holzbläsern, und erst in der zweiten Viertaktgruppe durch das Soloinstrument abgelöst.

Beethoven hat also die T. 22–42 der Tutti-Exposition ausgespart und sie durch neues, figuratives, motivisch kaum geprägtes Material ersetzt. Der weitere Expositionsverlauf – nun jedoch in die Dominante versetzt – entspricht weitgehend dem Tutti: die Moll-Wendung des Seitenthemas (T. 152–165 entsprechen T. 51–64), seine Fortführung, jeweils von figurierten Sechzehntelketten der Violine umsponnen, das aus dem Paukenmotiv abgeleitete Motiv von Takt 65ff. (s. S. 46) (T. 166–169 entsprechen T. 65–68), das von der Violine chromatisch gefüllt wird, die Rückmodulation zur Grundtonart bzw. hier Dominanttonart und die Schlußgruppe (T. 178–188 entsprechen T. 77–87) werden unverändert, in Instrumentationsdetails abweichend und durch den figurativen Violinpart ergänzt, wiederholt. Die Schlußgruppe wird, um erneut D-Dur zu erreichen, um sechs Takte (T. 189–194) erweitert und kadenziert auf der Tonika. An dieser Stelle wäre traditionell die Solo-Exposition beendet, die Durchführung würde beginnen, und die einsetzende Violinfiguration, die über Baßchromatik nach A-Dur moduliert und in einem über zwölf Takte gespannten, chromatisch von h nach e aufsteigenden Triller mündet, der von dem sequenzierten und verkürzten Motiv aus T. 65ff. taktweise alternierend in Violinen und Bässen kontrapunktiert wird, scheint dies auch anzuzeigen; doch über einem liegenden, über acht Takte (T. 216–223) gespannten E-Dur-Septimenakkord der Klarinetten und Fagotte führt eine erneute freie Violinkadenz – wiederum trugschlüssig – nach F-Dur, in dem jetzt – im vollen Orchestertutti, das zu der sparsam-durchsichtigen Instrumentation der vorausgegangenen Passage im größten Gegensatz steht – das zuvor ausgesparte Motiv aus T. 25ff. einsetzt. Bis zum Ende der Solo-

Exposition in T. 283 schließt sich nun ein sechzig Takte umfassender Tutti-Block an, der – bis auf den aus harmonischen Gründen ausgesparten T. 68 – in den T. 224–283 die T. 28–88 der Tutti-Exposition weitgehend notengetreu, wenn auch auf anderen Tonstufen wiederholt. Die Begründung für diesen überraschenden, zuerst fast pleonastisch wirkenden Rückgriff mag auf verschiedenen Gebieten liegen: zum einen in einem Ausgleich zwischen Solo und Tutti, in dem – nach der Tutti-Exposition und einer ersten großen Soloepisode vor dem zweiten Soloabschnitt ein – nach alter Nomenklatur ritornellartiger – Tutti-Block eingeschoben wurde, zum anderen im harmonischen Ausgleich, in dem es darum ging, dem weitgespannten Tonika-Bereich, der mit der Tutti-Exposition und dem Beginn der Solo-Exposition gut 140 Takte umfaßte, einen ähnlich gegliederten, ähnlich umfangreichen Dominantbereich entgegenzusetzen, wie es durch dieses Umstellungs- und Wiederholungsverfahren gelungen ist.

Die Satzdurchführung, die zugleich den zweiten großen Soloabschnitt darstellt, kann gegenüber der Exposition knapp ausfallen: zum einen entfällt die Verdoppelung, zum anderen spielt bei der melodisch-figurativen Dominanz des Soloinstruments motivische Verarbeitung ohnehin nur eine untergeordnete Rolle. Die Durchführung erstreckt sich über die T. 284–364; sie ist dreiteilig, und ihre thematisch-motivische Strukturierung liefert einen dritten Grund für die Wiederholung des Seitenthemenkomplexes innerhalb der Solo-Exposition: in der Durchführung dominiert nämlich das bis dahin eher am Rande auftauchende Hauptthema.

Die Durchführung beginnt wie die Solo-Exposition: mit der erneuten, hier von 13 auf 17 Takte verlängerten Kadenz der Violine, die – vom G-Dur-Septimenakkord ausgehend – das Hauptthema in Fis-Dur (T. 301 ff.) erreicht, das erneut mit dem Paukenmotiv (in den Hörnern) kontrapunktiert ist. Doch auf den Hauptthemen-Vordersatz folgt nicht dessen Nachsatz, sondern – von H-Dur ausgehend und in Quintschritten über E-Dur, A-Dur, D-Dur, G-Dur und c-Moll nach g-Moll modulierend – eine Durchführung des dritten Hauptthementaktes, der zuerst in den Fagotten abgespalten und im taktweisen Wechsel mit dem Paukenmotiv in den Streichern kontrapunktiert wird (T. 307–314), der dann – gemeinsam mit dem Paukenmotiv – auf halbtaktigen Wechsel diminuiert wird (T. 315–318, T. 321–324) und zwischendurch sogar – melodisch kaum noch erkennbar – auf jeweils zwei Achtel reduziert erscheint (T. 319/20).

Diese spezifisch Beethovensche Durchführungstechnik beschränkt sich – der »Aufgabenverteilung« entsprechend – auf das vermeintlich »begleitende« Orchester; der Solovioline sind umspielende, in der Regel aus gebrochenen Dreiklängen und verminderten Akkorden zusammengesetzte Figurationen zugewiesen.

Nach einer harmonischen Bestätigung des erreichten g-Moll (T. 325–330) beginnt, erneut mit einem Triller eingeleitet, der dritte Durchführungsabschnitt; hier ist das thematische Material noch mehr reduziert, und hier zumal wird die satzprägende Funktion des Paukenmotivs unüberhörbar. Zuerst in den Hörnern, dann in den Fagotten, schließlich in Trompeten und Pauken (T. 330–337, T. 338–345, T. 346–356) bestimmt es über 27 Takte den Satzverlauf, einzig gestützt durch liegende Akkorde der tiefen und bewegte Achtelflächen der mittleren und hohen Streicher, von g-Moll über D-Dur, G-Dur, g-Moll nach A-Dur und d-Moll schließlich – mit chromatisch abwärtsführender Baßlinie – zur Molldominante a-Moll modulierend. Klammert man – was unzulässig ist, aber hier aus Gründen der Verdeutlichung erlaubt sei – die Solostimme aus, so schreibt Beethoven hier eines seiner (etwa aus der 5. Sinfonie bekannten) Reduktionsfelder, in denen Thematisches bis auf seine Grundbestandteile zurückgenommen erscheint, in der einfachste harmonische und rhythmische, oft ostinate Figuren einen Abstoßungspunkt bilden, um von dort erneut musikalische Gestalt zu gewinnen. In dieser radikalen Konsequenz hat Beethoven dieses Prinzip hier nicht durchgeführt, zu dem Reduktionsfeld tritt die Solovioline, und es kreuzen sich zwei gegenläufige Entwicklungen: während einerseits das thematische Material bis zur Nichtunterscheidbarkeit zurückgenommen erscheint, verfestigt sich – zumindest zu Beginn – die geigerische Figuration zur Figur, zur melodisch eigengeprägten Gestalt. Zwar handelt es sich um nicht mehr als mit Ziernoten umgebene gebrochene Dreiklänge und Septimenakkorde, doch wiederholte Periodisierungen und unterscheidbare rhythmische Elemente deuten den Übergang von der Figuration zur Gestalt an, ohne ihn doch endgültig sich vollziehen zu lassen. Gerade in der Balance, in der »Kunst des Übergangs«, liegt der kompositorische Reiz, aber auch – um dies vorwegzunehmen – die interpretatorische Gefahr dieses Durchführungsabschnitts.

Über der in T. 357 erreichten Molldominante entwickelt sich eine triolische, chromatisch aufwärtsführende Figurationskette der Solovioline, die – von einzelnen Streicherpizzicati gestützt – schließlich über E-Dur und A-Dur zu einem triumphalen, im vollen Orchestertutti einsetzenden D-Dur führt – die Satzreprise ist erreicht. Zum ersten Mal werden Paukenmotiv und Hauptthema im vollen Orchester und *fortissimo* zitiert; der dynamische, klangliche und melodische Kontrast zwischen dem voraufgegangenen Reduktionsfeld und diesem Tutti-Einsatz ist ähnlich groß, die harmonische Kraft ähnlich »saugend« wie beim berühmten Übergang aus dem »schattenhaften« Scherzo-Schluß der 5. Sinfonie in deren strahlendes C-Dur-Finale.

Die Reprise verknüpft geschickt Elemente der Tutti- und der Soloexposition: sie beginnt – ins Tutti gewendet – mit den ersten einundzwanzig Takten der Tutti-Exposition (T. 365–385 entsprechen T. 1–21), dann schließt sich – mit dem in gebrochenen Oktaven aufwärtsführenden Soloeinsatz – eine weitgehende Wiederholung der Solo-Expositions-Takte 126 bis 131 an (T. 386–391), doch was zu Beginn nach Moll gewendet war, steht jetzt in Dur. Über zwei abwärtsführende, kadenzierende Takte aus der Tutti-Exposition (T. 392/393 entsprechen T. 24/25) schließt sich ein neues Element an – in einer Art kleinerer verspäteter Durchführung reiht der Komponist die abwärtsführenden gebrochenen Dreiklänge und die aufwärtsführende Tonleiter des Motivs aus T. 28 ff. aneinander, allerdings in umgekehrter Reihenfolge, und umspinnt sie mit Violinfiguren, deren rhythmische Ungleichmäßigkeit, deren komponiertes Rubato an den Soloabschnitt

T. 217–223 erinnern mag, hier allerdings in anderer Funktion eingesetzt sind. Diese kompositorische Abweichung vom Schema erstreckt sich nur auf zwölf Takte, ab T. 406 entspricht die Reprise wieder weitgehend der Solo-Exposition; die in Alt-Lage gesetzten Sechzehntelketten der Violine mit einzelnen Orchesterakzenten sind dem Hörer ebenso vertraut (T. 408–412 entsprechen T. 134–138) wie die Rückleitung zum Seitenthema, das diesmal zu Recht in D-Dur steht (T. 418–425 entsprechen T. 144–151). Auch der weitere Verlauf ist bis auf die harmonisch und funktional bedingten Quintversetzungen des ganzen Abschnitts notengetreu der Solo-Exposition nachgebildet, einschließlich der – jetzt in ihrer Funktion richtig erkannten – vermeintlichen Durchführungseröffnung, die, wiederum harmonisch bedingt, um einen Figurationstakt verkürzt ist, einschließlich des in T. 497 wieder in B-Dur stehenden Motivs aus T. 28ff. (T. 479–496 entsprechen T. 205–223; T. 497–508 entsprechen T. 224–235). Anstelle der in der Solo-Exposition eintretenden Modulation nach C-Dur, in der dort (T. 272) die Schlußgruppe folgte, geht hier eine breite Auskadenzierung auf dem Dominantseptimenakkord vonstatten – die Stelle für die Solokadenz ist erreicht. Auf die Kadenz folgt dann unmittelbar das Seitenthema, das jedoch hier zum ersten Mal in seiner vollen Länge in der Solovioline erklingt, in der oberen Oktave verkürzt wiederholt, in der Doppeloktave in breiten Halben augmentiert wird und schließlich, im Wechsel von Fagotten und Violoncelli, die – sozusagen nur »verschobene« – Schlußgruppe, die den Satz mit einer wirbelnden Sechzehntelkette des Soloinstruments – Reprisenschluß und Coda damit vereinend – zum wirkungsvollen Ende bringt.

Das Formschema des ersten Satzes, vereinfacht und tabellarisch zusammengefaßt, sähe so aus:

Tutti-Exposition		T. 1– 88
Hauptthema	T. 2– 9	
Zwischensatz	10– 42	
Seitenthema	43– 50	
Zwischensatz mit Durchführungscharakter	51– 76	
Schlußgruppe	77– 88	

Solo-Exposition		89–284
Kadenz	89–101	
Hauptthema	102–109	
Zwischensatz mit Motiven Takt 10ff. und Takt 18ff.	110–133	
neues Solo-Element	134–143	
Seitenthema	144–151	
Zwischensatz mit Durchführungscharakter	152–177	
Schlußgruppe, erweitert	178–194	
neuer Soloteil	195–223	
Wiederholung der Tutti-Exposition T. 28–88	224–284	
Durchführung		285–364
Kadenz	285–300	
Hauptthemendurchführung	301–329	
Reduktionsfeld, Paukenmotiv	330–357	
Rückleitung	358–364	
Reprise		365–535
Hauptthema	365–373	
Zwischensatz mit Motiven T. 10ff. und T. 18ff.	374–393	
neues Element mit Durchführungscharakter	394–407	
Soloelement aus der Soloexposition	408–417	
Seitenthema	418–425	
Zwischensatz mit Durchführungscharakter	426–451	
Schlußgruppe	452–468	
neuer Soloteil	469–496	
Expositionswiederholung Zwischensatz	497–510	
Seitenthema	511–522	
Schlußgruppe	523–535	

II. Satz: *Larghetto*, 4/4-Takt, G-Dur, 91 Takte

Der langsame Satz des Beethovenschen Violinkonzertes ist – innerhalb eines ohnehin lyrischen Werkes – ein intimes lyrisches Intermezzo von großer formaler Zerbrechlichkeit: nicht nur, daß der Satz offen – in einer Überleitung zum Finale – endet: auch innerhalb des Satzverlaufes tragen Fermaten, kadenzartige Figurationen in der Solovioline und weite unbegleitete Passagen zu einem improvisatorisch anmutenden Gestus bei. In der Instrumentation ist der Satz ebenfalls sehr zurückgenommen: Beethoven verzichtet nicht nur – wie in langsamen Mittelsätzen üblich – auf Trompeten und Pauken, sondern außerdem noch auf Flöten und Oboen; die gedeckten Töne der Klarinetten und Fagotte, der Hörner und der sordinierten (mit Dämpfer spielenden) Streicher geben dem Satz eine eigene, unverwechselbare Klanglichkeit. Formal ist das *Larghetto* ein Beispiel für die bei Beethoven häufige Durchdringung mehrerer Formungstypen: dem äußeren Rahmen nach folgt es der dreiteiligen französischen Romanzenform, wobei der dritte Teil stark verkürzt ist; innerhalb dieses Formgerüstes verwirklicht Beethoven einen relativ streng geführten Variationsablauf, und hinzu kommt das dualistische Themenprinzip der Sonatenform, wie es Beethoven auch im langsamen Satz der 5. Sinfonie und der 9. Sinfonie mit der Variationsform verquickt hat.[64]

Der Satz beginnt mit dem zehntaktigen, von den Streichern vorgetragenen Orchesterthema[65], das auf höchst reizvolle Weise periodisiert ist: ein auftaktiges, punktiertes Motiv wird wiederholt und in einer Vordersatz-Kadenzierung nach Fis-Dur geführt; der Nachsatz ist zweiteilig: auf eine wiederholte Variante des Auftaktmotivs, das beim zweiten Mal in einer breit angelegten Kadenz nach G-Dur zurückführt, folgt ein über den Dominantseptakkord modulierender Epilog, dessen Achtelfiguration sich von den punktierten Figuren des Beginns in bewußt einfach-schließender Weise abhebt (T. 1–10).

[64] vgl. dazu die Hinweise bei Kurt von Fischer, a. a. O., S. 231

[65] Harry Goldschmidt hat bei diesem Thema (Goldschmidt, a. a. O., S. 396) auf die melodischen Parallelen zum langsamen Satz der Klaviersonate op. 54 hingewiesen, und zu Recht subsumiert er die motivische Anfangsgestalt dem Genre des langsamen Menuetts – auf das Beethoven bei op. 54 bereits im Titel hingewiesen hat. Diese Zuweisung hat – über den Gestaltzusammenhang – Bedeutung auch für die Frage der Tempowahl; dazu Näheres im Kapitel *Interpretation*.

Dieser thematischen Exposition folgen – in gleicher Länge – drei Variationsabschnitte: der erste (T. 11–20) stellt das Thema zuerst in den Hörnern, dann – überlappend – in der Klarinette vor; die Violinen, im Epilog auch die Viola, begleiten und bilden die harmonische Basis. Die Solovioline umspielt diesen thematischen Ablauf mit auftaktigen Sechzehntelfiguren; der Vordersatz-Einschnitt in T. 14 ist durch eine Fermate und einen kadenzierenden *ad libitum*-Einschub des Soloinstruments betont, der Epilog-Gedanke ist durch eine Drehfigurik der Violine melodisch von Vorder- und Nachsatz abgehoben. Die zweite Variation – wobei unter Variation hier nicht wie üblich figurative Abwandlung und Veränderung eines gegebenen thematischen Materials gemeint ist, sondern klangliche, instrumentale und dynamische Umformung eines melodisch und harmonisch unverändert bleibenden thematischen Ablaufs – zeigt das Thema im Fagott; die Begleitung stützt sich auf Violen und Celli und wird durch Pizzicati der Violinen und Bässe auf harmonischen »Wendepunkten« akzentuiert – dadurch wirkt diese Variation in der Farbe abgedunkelt. Die Solofiguration zeigt zunehmende Diminution: an die Stelle der Sechzehntel der ersten Variation treten Sechzehntel-Sextolen; die Rahmennoten, um die sich die Figuration rankt, bleiben aber unverändert; unverändert fast auch der Fermatenhalt in T. 24 nach dem Themen-Vordersatz mit Kadenztriller. Die dritte Variation wirkt wie eine Art Rekapitulation: nicht nur, daß die Solovioline pausiert und somit das figurative Element entfällt: der erste Tutti-Einsatz des Orchesters, in dem das von den Streichern zu Beginn vorgetragene Thema unverändert wieder aufgenommen, allerdings mit nachschlagenden Imitationen des Auftaktmotivs in den Bläsern kontrapunktiert wird, hat ausgesprochen beschließenden Charakter. Auf diesen festen, in sich harmonisch und melodisch geschlossenen ersten Teil des Satzes (T. 1–40) folgt der Mittelteil, der zugleich Kontrast wie Entwicklung darstellt. Eine fünftaktige Überleitungsfigur, in der die Solovioline den Klangraum von G-Dur figurativ füllt (T. 40–44) führt zu dem einzigen thematischen Gedanken, der dem Soloinstrument anvertraut ist; er umfaßt acht Takte, die sich aus zwei sehr gegensätzlichen Abschnitten zusammensetzen, und ist – mit einem Dominantseptakkord am Schluß – harmonisch offen. Die ersten, harmonisch weitgehend auf G-Dur fußenden vier Takte (T. 45–48) sind melodisch-kantabel, mit deutlicher Tendenz zu einem vokalen Gestus – Harry Goldschmidt hat auf die melodische Parallele zu Florestans *Euch werde Lohn in bessern Welten*[66] hingewiesen. Die sich anschließenden vier Takte dagegen (T. 49–52) sind stark figurativ geprägt und instrumental zu verstehen.

Eine zweitaktige, chromatisierte Figuration der Violine führt zu dem formal wohl vielschichtigsten, komplexesten Teil des Satzes: zuerst erklingt (T. 56–65), kaum noch erkennbar in der Reduktion auf einen

[66] Goldschmidt, a. a. O., S. 397

durchbrochenen, »luftigen« Pizzicatosatz der Streicher, das Thema des Anfangs, melodisch ergänzt und zugleich kontrapunktiert von einer ausdrucksstarken, vokal empfundenen Kantilene der Solovioline, in der Elemente des Anfangsthemas wie solche – etwa die synkopische Führung – des Geigenthemas miteinander zu einer eigenständigen Gestalt verwoben sind.

Hier deutet sich ein strukturelles Element an, das am ehesten mit dem Begriff der Durchführung im Sinne einer Sonatensatzform in Verbindung gebracht werden könnte.

Durchführungselemente prägen auch den weiteren Satzverlauf, allerdings in weitgehend reduzierter Form: eine aus dem zweiten Teil des Violinthemas abgeleitete Figur (T. 65–70) wird in den Hörnern durch das Auftaktmotiv des Anfangs kontrapunktiert; eine ausgezierte Wiederholung des Violinthemas (T. 71–78), harmonisch gestützt durch ganztaktig wechselnde leise Akkorde der Klarinetten und Fagotte, führt zu einer fast notengetreuen Wiederholung des voraufgegangenen Abschnitts (T. 79–82 entspricht T. 65–68), und mit dem G-Dur-Akkord in T. 83 ist der langsame Satz eigentlich beendet: was sich – über 9 Takte – anschließt, ist ein zweiteiliger Überleitungskomplex, der zuerst in umspielter Dreiklangsbrechung in die obere Oktave führt, dort reminiszenzartig den Beginn der ersten Variation zitiert und schließlich mit einer massiven, barock doppelpunktierten, rezitativartigen Passage der Streicher im *fortissimo* nach A-Dur moduliert: der letzte Satz kann beginnen.

Die strukturelle Zerbrechlichkeit und Vieldeutigkeit des langsamen Satzes, der verschiedene Formen (dreiteilige Romanzenform, Variationsform, Sonatensatz) zitiert, ohne sie jedoch zu erfüllen, sondern der seinen Reiz aus einem wohl ausbalancierten Mit- und Nebeneinander dieser Formen bezieht, gehört wohl zu den subtilsten langsamen Sätzen aus Beethovens mittlerer Schaffensperiode.

III. Satz: Rondo, 6/8-Takt, D-Dur, 360 Takte

Der Finalsatz des Beethoven-Konzertes ist strukturell weitaus einfacher als die beiden voraufgegangenen Sätze; der Komponist bedient sich – hier ganz der Tradition des Solokonzertes entsprechend – einer zyklischen Rondoform, in der – erstmals in diesem Werk – die Virtuosität des Soloinstruments uneingeschränkt im Vordergrund steht.

Den Rahmen des Satzes bildet ein Refrain-Block, der zu Beginn in zweifacher Wiederholung ein achttaktiges Thema aufstellt, das bewußt im Genrebereich einer ländlichen Tanzmusik angesiedelt ist. Das Thema, das von der Solovioline in tiefer Lage vorgetragen wird, ist »quadratisch« periodisiert: ein eintaktiges, sogleich wiederholtes Anfangsmotiv, nicht mehr als ein gebrochener D-Dur-Dreiklang mit dem Schwerpunkt auf der Unterquart, wird mit einem stufenweise absteigenden Abgesang beantwortet und kadenziert zur Dominante; das Anfangsmotiv wiederholt sich und führt, mit leicht abgewandeltem Abgesang, zurück zur Tonika (T. 1–8):

Zwei eingeschobene, durch eine Fermate gestaute Orchestertakte, die das Anfangsmotiv aufgreifen, haben die Funktion, zur Dominante zu kadenzieren; das Thema wiederholt sich in der Solovioline zwei Oktaven höher, aber sonst unverändert. Bemerkenswert ist die zurückhaltende Begleitung: beim ersten Mal einzelne nachschlagende Achtel im

Cello, bei der Wiederholung – der Doppeloktavversetzung gemäß – stützende Terzen in den beiden Violinen. Erneut sind zwei kadenzierende Takte eingeschoben (T. 19/20). Dann folgt die zweite Themenwiederholung, diesmal im vollen Tutti des hier wieder – wie im Kopfsatz – groß besetzten Orchesters. Dieser Abschnitt wird aber dadurch erweitert, daß der siebte Thementakt abgewandelt, sequenzierend weitergeführt wird (T. 28–30) und einen neuen, halbtaktig gegliederten und mit Punktierungen und Pralltrillern versehenen Abschluß erhält, dessen Elemente sich in Zweitaktfolge wiederholen, umgeformt werden und schließlich in leeren Quintfolgen auslaufen. War dieser erste Refrain in der Art von »Vorsänger« und »Chor« gegliedert, so steht in der sich anschließenden ersten Episode (T. 46–92), die genauso lang ist wie der erste Refrain, das Soloinstrument unangefochten im Vordergrund. Melodischer Ausgangspunkt dieses Abschnitts ist ein viertaktiges Motiv mit einer Art Drehfigurik, das sogleich in Sechzehntelfigurationen aufgelöst wird und im Verlauf die melodische Basis für Doppelgriffketten abgibt.

Als kontrapunktierende Begleitung wirken Terz-Quint-Achtel in Hörnern, Holzbläsern und Streichern; eine achttaktige, im Zweitaktabstand zwischen Tutti und Solo dialogisierende Gruppe, die rhythmisch und melodisch an die Refrainthematik anknüpft (T. 59–66), bildet so etwas wie die Brücke zwischen zwei verschieden figurierten Abläufen des Episodenmotivs. Chromatisch geführte Sechzehntelfigurationen des Soloinstruments, von »getupften« Bläserakkorden und liegenden Streicherklängen wechselnd accompagniert (T. 75–80), eröffnen die Rückleitung zum Refrain, die durch verteilte »Zitate« des Refrain-Kopfmotivs (T. 81–88) konzentriert und harmonisch zur Dominante A-Dur geführt wird; ein *ad libitum* zu spielender »Eingang« eröffnet den Refrain.

Dieser zweite Refrainabschnitt (T. 93–123) ist in seinem dritten Teil deutlich verkürzt; die beiden Solodurchgänge samt kadenzierenden Zwischentakten erscheinen unverändert, der Tutti-Durchgang jedoch leitet bereits nach dem fünften Thementakt sequenzierend über in ein

Modulationsfeld, das – über einer Baßchromatik – zuerst im Tutti, dann im Solo g-Moll erreicht, die Ausgangstonart der zweiten Episode. Es ist sicher kein Zufall oder im Tonartenschema naheliegend, daß sowohl das elegische Reduktionsfeld im ersten Satz als auch der innerhalb eines tänzerisch-diesseitigen Finales einzige lyrisch-intime Zwischenteil in g-Moll stehen. Das achttaktige, wiederum sehr »quadratisch« gebaute Episodenthema erklingt zuerst in der Solovioline (T. 127–134),

wird dann im hochgeführten Fagott wiederholt und von der Violine in Sechzehntelketten umspielt (T. 135–142). Ein variativ abgewandelter, sequenzierender Mittelteil (T. 143–150), in dem die Motivrichtung umgekehrt wird, führt zurück zum Thema im Fagott und zu einer zweiten Sechzehntelgirlande der Violine (T. 151–157). Eine das Epilogmotiv verarbeitende, reduktionsartige Rückleitung, in die dann – diesmal im Unisono der Streicher – das Refrain-Kopfmotiv eingreift, führt zurück zur zweiten Refrain-Wiederholung. Diese ist schnell beschrieben: sie unterscheidet sich in nichts vom ersten Auftreten des Refrains (T. 174–218 entsprechen T. 1–45). Erneut folgt die erste Episode, und auch hier wiederholt Beethoven – von einigen Quintversetzungen und Figurationsvarianten abgesehen, unverändert (T. 219–255 entsprechen weitgehend T. 46–80). Lediglich die Rückführung zum Refrain ist deutlich erweitert und dramatisiert; ihr ist ein Tutti-Teil (T. 269–279) angehängt, der in zunehmender bewegungsmäßiger, dynamischer und harmonischer Verdichtung zur Kadenzfermate führt. Die Kadenz endet in einem Triller auf e, und die sich jetzt anschließende Coda ist formal der komplexeste Abschnitt des Finalsatzes; bemerkenswert ist nicht nur die überraschende Art, in der der Komponist aus dem Kadenztriller heraus und mit Hilfe des Refrain-Kopfmotivs nach As-Dur moduliert, bemerkenswert ist zugleich die bei aller virtuosen Dominanz und Brillanz durchgeführte dialogische Arbeit. Da führen zuerst (T. 297–310) Sechzehntelfigurationen des Refrain-Themas modulatorisch über chromatisch absteigender Baßlinie zurück zur Dominante A-Dur, da folgt zweitaktiger Wechsel zwischen Tutti und Solo, diesmal in umgekehrter Reihenfolge (T. 315–322), da leitet schließlich eine harmonisch fein abgestufte, von D-Dur über B-Dur ausweichende und auch h-Moll berührende Steigerungs-Stretta zum leise ausklingenden, dann aber den Kadenzschluß noch prunkvoll bestätigenden Satzschluß über.

Zur Interpretation des Werkes

Beethovens Violinkonzert gilt seit der Mitte des vorigen Jahrhunderts, seit sich seine Durchsetzung im Repertoire mit dem Namen des Geigers Joseph Joachim verbindet, unangefochten als das »klassische« Violinkonzert, in dem der Komponist das sinfonische und das konzertante Prinzip miteinander ausgesöhnt hat wie sonst vielleicht nur – gut siebzig Jahre später – Johannes Brahms, der sich dem Beethoven-Konzert nicht nur in der Tonart verpflichtet fühlte. Um so mehr muß es erstaunen, daß – allen verbalen Bekundungen zum Trotz, die diesen singulären Charakter des Werkes betonen – die geigerische Interpretation des Werkes, legt man die heutige Praxis zugrunde, eher in die Schreckenskammer interpretatorischer Willkür gehört. Eine Interpretationsgeschichte des Konzertes ist schwer zu schreiben – kann sie sich doch erst seit den zwanziger Jahren unseres Jahrhunderts auf klingende Beweise stützen und muß sich ihre Belege vorher aus Berichten oder aus praktischen Ausgaben zusammensuchen.

Am meisten gesündigt wird in der geigerischen Praxis – wie fast immer bei Beethoven – beim Tempo. Beethoven selbst hat das Werk nicht wie die Sinfonien und Streichquartette mit Metronomzahlen versehen, aber es gibt eine Reihe zeitgenössischer Quellen sowie erschließender Arbeiten, die einigermaßen gesicherte Angaben über Beethovens Tempovorstellungen beim Violinkonzert erlauben.[67] Folgt

[67] Es ist hier nicht der Platz, die umfangreiche und kontroverse Diskussion über Tempofragen bei Beethoven darzustellen oder auch nur zu referieren. Zu den grundlegenden Arbeiten auf diesem Gebiet gehört der Aufsatz von Rudolf Kolisch: *Tempo and Character in Beethoven's Music*, in: *Musical Quarterly* 1943; die Dissertation von Hermann Beck: *Studien über das Tempoproblem bei Beethoven*, Erlangen 1954 (masch.) und die

man diesen Angaben, die sich unter anderem auf Carl Czerny stützen können, so wäre der erste Satz etwa im Tempo ♩ = 126 zu spielen, der zweite im Tempo ♩ = 60, das Rondo im Tempo ♩. = 100. Kleine Abweichungen nach oben und unten sowie ein belebtes und nicht starrmechanisches Spiel sind sicher zulässig; wer sich jedoch an eine Vielzahl heutiger Schallplattenaufnahmen oder Konzertmitschnitte mit Stoppuhr und Metronom begibt, kommt aus dem verblüfften Staunen nicht heraus: denn da hat sich – zumal für die beiden ersten Sätze, das Rondo scheint da weniger problematisch zu sein – eine Temponahme allgemein durchgesetzt, die die Proportionen und die kompositorische Absicht bisweilen grotesk verzerrt: nicht nur, daß der erste Satz vielfach um einiges zu langsam begonnen wird: es ist heute üblich, die g-Moll-Episode in der Durchführung etwa im halben Tempo (♩ = 72–76) zu spielen und die Coda nach der Kadenz im halben Tempo zu beginnen, um dann mit dem *crescendo* in einem großen Accelerando zum Schluß das Anfangstempo wieder zu erreichen und zu übertrumpfen. Was den zweiten Satz angeht, so ist das Ergebnis noch enttäuschender: das von Beethoven beabsichtigte *Larghetto* wird zu einem *Molto Adagio* auseinandergezerrt; es ist hier üblich geworden, den Satz im halben Tempo (♩ = 30) zu nehmen. Nicht nur die Bedeutung der Tempobezeichnung *Larghetto* (= »kleines« *Largo*, entspricht etwa *Andante*)[68] ist hier mißverstanden oder mißachtet, sondern ebenso die Werkstruktur, die – auch ohne Tempobezeichnung – den Tempobereich deutlich eingrenzt. Daß so die subtile Formbalance vollständig zerstört wird, liegt auf der Hand. Anlaß dieser Mißdeutung scheint der (uneingestandene) Versuch zu sein, aus einem klassischen Violinkonzert, in dem die Rollenverteilung zwischen Solo und Tutti wohlabgewogen ist und in dem – wie die Analyse gezeigt hat – die thematische Dominanz weitgehend im

Dissertation von Bärbel Friege: *Beiträge zur Interpretationsgeschichte der Klaviersonaten Ludwig van Beethovens*, Wittenberg 1970 (masch.). Zusammengefaßt und diskutiert wurde die Problematik beim *Beethoven-Kolloquium Wien 1977*, Kassel 1978, sowie in dem von Heinz-Klaus Metzger und Rainer Riehm herausgegebenen Heft 8 der Zeitschrift *Musik-Konzepte* mit dem Titel: *Beethoven. Das Problem der Interpretation*, München 1979 (dort auch eine Bibliographie zum Thema) und schließlich in dem Aufsatz von William S. Newman: *Das Tempo in Beethovens Instrumentalmusik*, in: *Die Musikforschung* 33, 1980, S. 161–183

[68] Die Richtigkeit der Parallelsetzung von *Larghetto* und *Andante* findet sich bei Beethoven selbst; über der Kadenz, die er für die Klavierfassung des Violinkonzertes schrieb und die den Übergang zum Rondo bildete, notierte er: *Übergang vom Andante zum Rondo*.

Orchester liegt, das Solo also figurative und damit begleitende Funktionen übernimmt, ein romantisches Virtuosenkonzert zu machen, in dem man den Violinpart durch sentimentale Dehnungen und künstliche Gewichtung aufzuwerten versucht.

Seit wann diese Mißdeutung Platz gegriffen hat, ist schwer zu sagen: von Joseph Joachim wissen wir nur, daß er möglicherweise als Knabe in Wien, als er Schüler von Joseph Böhm war, mit Franz Clement in Kontakt kam und auch mit dem aus der Schuppanzigh-Schule stammenden Mayseder zu tun hatte: ob er damals schon das Violinkonzert studiert hat, wissen wir nicht. Aus allgemeinen Beschreibungen seines Geigenstils ist jedoch zu entnehmen, daß Joachim zu den »klassischen« Geigern gehörte, der die notwendige Virtuosität dem Werk unterordnete und Tempoexzessen sicher abgeneigt war. Gestützt wird diese Annahme durch die praktische Ausgabe des Beethoven-Konzertes, die Joachim im dritten Band seiner Violinschule herausbrachte[69]; denn dort finden sich nicht nur die oben angeführten Metronomangaben, sondern Hinweise, die den Schluß zulassen, daß sich die beschriebenen Tempoverlangsamungen schon damals breitmachten. So notiert Joachim zu Beginn der Coda ein – für Beethoven selbstverständliches – *a tempo*. Hinweise für eine korrumpierte Interpretationshaltung finden sich auch in der instrumentaltechnisch höchst bemerkenswerten praktischen Ausgabe des Konzertes von Henri Marteau, in dessen Vorwort ebenfalls nachdrücklich auf die verzerrenden Interpretationstendenzen hingewiesen wird[70]. In neuerer Zeit haben sich vier sehr detaillierte Aufsätze ausführlich mit der Notwendigkeit eines einheitlichen Tempos auseinandergesetzt[71].

[69] Joseph Joachim und Andreas Moser: *Violinschule* in drei Bänden, Berlin 1905 (zahlreiche Auflagen)

[70] *Ludwig van Beethoven, Violinkonzert op. 61*, hg. v. Henri Marteau, Berlin: Edition Steingräber 1909

[71] Joseph Szigeti: *Beethovens Violinwerke*, Zürich 1965 S. 95–108; Werner Scholz: *Zur Interpretation des Violinkonzertes von Beethoven*, in: *Musik und Gesellschaft* 12, 1962, S. 732–736; Eduard Melkus: *Zur Interpretation des Violinkonzertes op. 61 von Ludwig van Beethoven*, in: *Österreichische Musikzeitschrift* 19, 1964, S. 159–173, sowie vergleichende Tempomessungen in dem Aufsatz von Sergei Saposhnikow: *Musikalische Ausdrucksmittel des Geigers*, abgedruckt in: *Violinspiel und Violinpädagogik*, hg. v. Kathinka Koch-Rebling, Leipzig 1979, S. 134–182

Literaturhinweise

Beethovens Violinkonzert spielt – in einem gewissen Mißverhältnis zu seiner Beliebtheit – in der Beethoven-Literatur eine verhältnismäßig geringe Rolle, sieht man von den zahlreichen, aber in der Regel oberflächlichen Erwähnungen in Biographien und Konzertführern ab. Die hier zusammengestellte Auswahl verzeichnet jene Arbeiten, die wichtige Aspekte des Werkes, seiner Überlieferung und seiner Rezeption aufzeigen.

Benary, Peter: *Zur Wiedergabe des Violinkonzerts von L. v. Beethoven*, in: *Neue Zeitschrift für Musik* 10/1969, S. 447f.

Bonavia, F.: *A Point in Beethoven's Violin Concerto*, in: *Monthly Musical Record*, 1941, S. 14f.

Carse, Adam: *The Orchestra from Beethoven to Berlioz*, Cambridge 1948

Fischer, Kurt von: *Die Beziehungen von Form und Struktur in Beethovens Instrumentalwerken*, Baden-Baden ^{2}1972

Goldschmidt, Harry: *Motivvariation und Gestaltmetamorphose. Zur musikalischen Entstehungsgeschichte von Beethovens Violinkonzert*, in: *Festschrift Heinrich Besseler*, Leipzig 1961, S. 389–409, wieder abgedruckt in: Goldschmidt, Harry: *Um die Sache der Musik*, Leipzig 1970, S. 27–59

Hess, Willy: *Die verschiedenen Fassungen von Beethovens Violinkonzert*, in: *Schweizerische Musikzeitung* 109, 1969, S. 197–201, wieder in: Hess, Willy: *Beethoven-Studien*, Bonn 1972, S. 163–168

ds.: *Zur Klavierübertragung von Beethovens Violinkonzert*, in: *Österreichische Musikzeitschrift* 27, 1972, S. 71–75

Jonas, Oswald: *Das Autograph von Beethoven's Violinkonzert*, in: *Zeitschrift für Musikwissenschaft* 13, 1930, S. 443ff.

Kaiser, Fritz: *Die authentischen Fassungen des D-Dur-Konzertes op. 61*, in: *Kongreßbericht Kassel 1962*, Kassel 1963, S. 196–198

Kinsky, Georg: *Das Werk Beethovens*, München 1955

Kojima, Shin Augustinus: *Die Solovioline-Fassungen und -Varianten von Beethovens Violinkonzert op. 61, ihre Entstehung und Bedeutung*, in: *Beethoven-Jahrbuch* 8, Bonn 1975, S. 97–145

ds. (Hrsg.): *Beethoven, Die Werke für Violine und Orchester* (*Neue Beethoven-Gesamtausgabe* III, 4), München 1974

ds.: *Beethoven, Werke für Violine und Orchester*, Kritischer Bericht, Bonn 1974 (masch.)
Kretzschmar, Hermann: *Führer durch den Konzertsaal* Band III: *Das Instrumentalkonzert*, hg. v. Hans Engel, Leipzig 1932
Mies, Paul: *Textkritische Untersuchungen bei Beethoven*, München 1957
ds.: *Die Quellen des op. 61*, in: *Kongreßbericht Köln 1958*, Kassel 1959, S. 193–195
ds.: *Die Krise der Konzertkadenz bei Beethoven*, Bonn 1970
Moser, Andreas: *Geschichte des Violinspiels*, Berlin 1923
Moser, Hans-Joachim: *Die Form des Beethoven-Violinkonzertes*, in: *Neues Beethoven-Jahrbuch* 9, 1939, S. 16–25
Nottebohm, Gustav: *Ludwig van Beethoven. Thematisches Verzeichnis*, Leipzig ²1868
Rexroth, Dieter: *Beethoven*, München/Mainz 1982
Rothschild, Fritz: *Vergessene Traditionen in der Musik*, Zürich 1964
Schwarz, Boris: *Beethoven and the french Violin School*, in *Musical Quarterly* 44, 1958, S. 431–447
Tyson, Alan: *The Text of Beethoven's op. 61*, in: *Music & Letters* 43, 1962, S. 104–114
ds.: *The Authentic English Editions of Beethoven*, London 1963
ds.: *The textual Problems of Beethoven's Violin Concerto*, in: *Musical Quarterly* 53, 1967, S. 482–502

Zur Diskographie

Die beschriebene »romantische« Beethoven-Auffassung[72] macht eine Schallplatten-Empfehlung schwierig und für den am heutigen Aufnahmestandard interessierten Hörer fast unmöglich; denn Aufnahmen, in denen sich geigerische Kompetenz und Einsicht in die Werkstruktur ergänzen, stammen zum größten Teil aus der älteren Schallplattengeschichte und sind heute nicht mehr oder nur mit Mühe greifbar. So vermitteln die Aufnahmen mit Fritz Kreisler und dem Orchester der Staatsoper Berlin unter Leo Blech aus dem Jahre 1926 (bei EMI lieferbar) oder die geigerisch vielleicht noch souveränere mit Bronislav Huberman und den Wiener Philharmonikern unter George Szell aus dem Anfang der dreißiger Jahre (Rococo) einen zutreffenden, die Werkintention erschließenden Klangeindruck. Ähnliches gilt für die aus dem Ende der zwanziger Jahre stammende Aufnahme mit Josef Wolfsthal und dem Berliner Philharmonischen Orchester unter Manfred Gurlitt (DGG, derzeit nicht lieferbar) und für die frühe Einspielung von Jascha Heifetz mit dem NBC Orchestra unter Arturo Toscanini (RCA, derzeit nicht lieferbar). Nur in einer Rundfunkaufnahme vorhanden ist die maßstabsetzende Einspielung von Rudolf Kolisch mit dem Rundfunkorchester Zürich unter René Leibowitz, die 1964 aufgenommen wurde. Von den heute relativ leicht greifbaren Aufnahmen sind – ungeachtet unterschiedlicher geigerischer Kompetenz – lediglich zwei Aufnahmen zu empfehlen: zum einen die – geigerisch nicht immer souveräne – »Modell«-Aufnahme mit Leon Spierer und dem Radio-Sinfonie-Orchester Frankfurt unter Hermann Michael (Schwann), die sich an die auf Czerny zurückgehenden Metronomzahlen hält (s. S. 65), zum anderen die untadelige, höchst inspirierte Aufnahme, die Jascha Heifetz 1955 mit dem Boston Symphony Orchestra unter Charles Munch (RCA) gemacht hat. Die Klavierfassung des Violinkonzertes hat höchst kompetent, allerdings mit exzentrischer Tempowahl, Peter Serkin mit dem New Philharmonia Orchestra London unter Seji Ozawa (RCA) vorgelegt.

Der derzeit gültige *Bielefelder Katalog* 1/1986 macht folgendes Angebot:

[72] vgl. dazu die immer noch gültige Studie von Arnold Schmitz: *Das romantische Beethovenbild. Darstellung und Kritik*, Berlin 1927, Neudruck Darmstadt 1978

Carmirelli/*Iimori*/Capella Classica Graz
Chung/*Kondraschin*/Wiener Philharmoniker
Ferras/*Karajan*/Berliner Philharmoniker
Grumiaux/*Davis*/Concertgebouw Orkest Amsterdam
Heifetz/*Munch*/Boston Symphony Orchestra
Kremer/*Marriner*/Academy of St. Martin-in-the-Fields
Kremer/*Nelsson*/Moskauer Philharmoniker
Marschner/*Neidlinger*/Südwestdeutsche Philharmonie
Menuhin/*Furtwängler*/Philharmonia Orchestra London
Menuhin/*Klemperer*/New Philharmonia Orchestra London
Menuhin/*Masur*/Gewandhausorchester Leipzig
Menuhin/*Silvestri*/Wiener Philharmoniker
Mutter/*Karajan*/Berliner Philharmoniker
Oistrach/*Cluytens*/Orchestre de la Radiodiffusion-Télévision Française Paris
Oistrach/*Gauk*/Großes Rundfunk-Sinfonie-Orchester der UdSSR
I. Oistrach/*D. Oistrach*/Wiener Sinfoniker
Perlman/*Giulini*/Philharmonia Orchestra London
Schneiderhan/*Jochum*/Berliner Philharmoniker
Spierer/*Michael*/Radio-Sinfonie-Orchester Frankfurt
Szeryng/*Schmidt-Isserstedt*/London Symphony Orchestra
Ughi/*Sawallisch*/London Symphony Orchestra
Zukerman/*Barenboim*/Chicago Symphony Orchestra

Partitur

Ludwig van Beethoven (1770–1827)

Konzert
für Violine und Orchester

D-Dur, op. 61

I

701·

Ob.
Cl.
Fg.
Cor. (D)
Vl.
Vla.
Vc. e B.
cresc.
f
dimin.
pp
30
Fl.
Tbe. (D)
Timp.
ff

Fl.
Ob.
Cl.
Fg.
Cor. (D)
Tbe. (D)
Timp.
Vl.
Vla.
Vc. e B.
div.
a 2
sf
Ob
Tbe. (D)
40
p

Ob.
Cl.
Fg.
Cor. (D)
Timp.
Vl.I
Vc. e B.
pizz.
p
50
Tbe. (D)
pp
sempre p
tr
Vl.
Vla.
Vc.
B.
arco

Cor.
(D)
Tbe.
(D)
Timp.
Vl.
Vla.
Vc.
B.
Cor.
(D)
Tbe.
(D)
Timp.
Vl.
Vla.
Vc.
B.

60
Ob.
Cl.
Fg.
Cor. (D)
Vl.
Vla.
Vc.
B.
cresc.
arco
70
Fl.
Ob.
Cl.
Fg.
Cor. (D)
a 2
Vl.
Vla.
Vc. e B.
cresc.

Fl.
Ob.
Cl.
Fg.
Cor. (D)
Tbe. (D)
Timp.
Vl.
Vla.
Vc. e B.
80
a 2

Fl.
Ob.
Cl.
Fg.
a 2
Cor. (D)
Tbe. (D)
Timp.
Vl.
Vla.
Vc. e B.
Solo
90
Cl.
Fg.
Viol.principale
Vl.pr.
Vl.
Vla.
Vc. e B.

Vl.pr.
Vl.pr.
100
Ob.
Cl.
Fg.
Timp.
Vl.pr.
Vl.
Vla.
Vc. e B.
a 2
1.
p
dolce
Ob.
Cl.
Fg.
Timp.
Vl.pr.
a 2
cresc.
sf
p

110
Vl.pr.
Vl.
Vla.
Vc. e B.
f
sf
fz
p
dimin.
Tutti
1.
Cl.
Fg.
dolce
120

Fl.
Ob.
Cl.
Fg.
a 2
Cor. (D)
Tbe. (D)
Timp.
Vl.
Vla.
Vc. e B.
Vl.pr.
Solo
dolce
130

Vl.pr.
Vl.
Vla.
Vc. e B.
Ob.
Cl.
Cor. (D)
1.
a 2
p
f

140
Vl.pr.
dimin.
Cl.
Fg.
p dolce
p dolce
tr
dolce
pizz.
Vc. e B.
150
Vl.
Vla.

160
Vl.pr.
Vl.
Vla.
Vc. e B.
Ob.
Cl.
1.
p
cresc.
f
sf
arco
dolce
Vc. arco

170
Ob.
Cl.
Vl.pr.
cresc.
Vl.
poco cresc.
poco cresc.
Vla.
poco cresc.
Vc. e B.
poco cresc.
arco
poco cresc.
Vl.pr.
f
f
Vl.
f
f
Vla.
f
Vc. e B.
f
Tutti
Ob.
p
Fg.
p
Vl.pr.
Vl.
p
p
Vla.
p
Vc. e B.
p

180
Solo
Ob.
Fg.
Vl.pr.
dolce
Vl.
Vla.
Vc. e B.
Cl.
1.
p

190
Ob.
Cl.
Fg.
Vl.pr.
poco cresc.
Vl.
poco cresc.
poco cresc.
Vla.
poco cresc.
Vc. e B.
poco cresc.
Ob.
cresc.
Cl.
cresc.
Cor. (D)
cresc.
Vl. pr.
Vl.
Vla.
Vc. e B.

Ob.
Cl.
Cor. (D)
Vl.pr.
Vl.
Vla.
Vc. e B.
200
210

Cl.
Fg.
Vl. pr.
Vl.
Vla.
Vc. e B.
p
cresc.
sfp
tr
220
cre -
scen
do
Ob.
f
cresc.

Tutti
Fl.
Ob.
Cl.
Fg.
Cor. (D)
Tbe. (D)
Timp.
Vl pr.
Vl.
Vla.
Vc. e B.
ff

230
Fl.
Ob.
Cl.
Fg.
Cor. (D)
Tbe. (D)
Timp.
Vl.
Vla.
Vc. e B.
a 2
sf
p

Vl.I
240
Ob.
p dolce
Cl.
p dolce
Fg.
p dolce
a 2
Cor.
(D)
p
Vl.I.
pizz.
Vc.
e B.
p
Fl.
ff
Ob.
a 2
ff
Cl.
ff
Fg.
a 2
ff
Cor.
(D)
a 2
ff
Tbe.
(D)
a 2
ff
Timp.
ff
tr
Vl.
ff
Vla.
ff
arco
Vc.
e B.
ff

250
Fl.
Ob.
a 2
Cl.
a 2
Fg.
Cor. (D)
Tbe. (D)
Timp.
Vl.
Vla.
Vc. e B.
Fl.
Ob.
Fg.
a 2
Cor. (D)
Tbe (D)
Vl.
Vla.
Vc. e B.

Fl.
Ob.
Fg.
Cor. (D)
Tbe. (D)
Timp.
Vl.
Vla.
Vc. e B.
sempre ff
sempre ff
sempre ff
sempre ff
sempre ff
sempre ff
sempre ff
260

Fl.
Ob.
Cl.
Fg.
Cor. (D)
Tbe. (D)
Vl.
Vla
Vc. e B.
sf
270
a 2
Timp.
Vla.

Fl.
Ob.
Cl.
Fg.
Cor. (D)
Vl.
Vla.
Vc. e B.
sempre ff
a 2
div.
280
Solo
Vl. pr.
p
sf
sf > p

Ob.
Vl.pr.
Vl.
Vla.
Vc.
e B.
290
cresc.
300
Fg.
Cor.
(D)
a 2
espress.
pcresc. pp

Fg.
Vl. pr.
Vl.
Vla.
Vc. e B.
p
310

320
Fg.
Vl.pr.
Vl.
Vla.
Vc.
e B.
cresc.
f

330
Cor. (D)
Vl. pr.
Vl.
Vla.
Vc. e B.
Fg.
pp
p
cresc.
340

Fg.
Tbe. (D)
Timp.
Vl.pr.
Vl.
Vla.
Vc. e B.
cresc.
pp
350

Tbe. (D)
Timp.
Vl.pr.
Vl.
Vla.
Vc. e B.
pp
360

Vl.pr.
pizz.
Vl.
Vla.
Vc. e B.
Vc. pizz.
Tutti
Fl.
Ob.
Cl.
Fg.
Cor. (D)
Tbe. (D)
Timp.
cresc.
f
ff
sf
tr
arco
sempre
Bassi
701

370
Fl.
Ob.
Cl.
Fg.
Cor. (D)
Tbe. (D)
Timp.
Vl.pr.
Vl.
Vla.
Vc. e B.
sf
tr
f

Fl.
Ob.
Cl.
Fg.
Cor. (D)
Tbe. (D)
Timp.
Vl.pr.
Vl.
sf
sempre f
sf
sempre f
Vla.
sempre f
Vc. e B.
ff

380
Fl.
Ob.
Cl.
Fg.
Cor.
(D)
Tbe.
(D)
Timp.
Vl.pr.
Vl.
Vla.
Vc.
e B.
Vl.pr.
Solo
dolce
Vl.
p
p
Vla.
p
Vc.
e B.
p

Vl.pr.
390
Vl.
Vla.
Vç. e B.
dolce
3
7
Vc. e B.
1.
Ob.
p
a 2
Cl.

400
410
Cl.
Fg.
Vl.pr.
Vl.
Vla.
Vc.
e B.
Ob.
a 2
p

Ob.
Cl.
Fg.
Vl.pr.
Vl.
Vla.
Vc. e B.
p dolce
dimin.
dolce
pizz.
420
Cor. (D)

Ob.
Cor. (D)
Vl pr.
Vl.
Vla.
Vc. e B.
p
430

Fl.
Ob.
Vl.pr.
Vl.
Vla.
Vc.
e B.
1.
cresc.
440
dimin.
dolce
arco
Vc. arco

Ob.
Vl.pr.
cresc.
Vl.
poco cresc.
Vla.
Vc.
arco
B.
f
Vc. e B.
450
Tutti
Cl.
Cor. (D)
p

Solo
Cl.
Cor.
(D)
Vl.pr.
dolce
Vl.
Vla.
Vc.
e B.
460
Ob.
p

Ob.
Cl.
Vl.pr.
cresc.
Vl.
poco cresc.
poco cresc.
Vla.
poco cresc.
Vc.
e B.
poco cresc.
Fl.
cresc.
f
Ob.
1.
cresc.
f
Cl.
cresc.
f
Cor.
(D)
cresc.
f
Vl.pr.
3
3
3
3
f
Vl.
f
f
Vla.
f
Vc.
e B.
f

470
Fl.
Ob.
Cl.
Fg.
Vl. pr.
Vl.
Vla.
Vc. e B.
Cor. (D)
a 2
f
p
pp

480
Ob.
Cor. (D)
Vl.pr.
Vl.
Vla.
Vc. e B.
tr
p
pp
cresc.
sfp
490
cre - - - -

Ob.
Cor (D)
Vl.pr.
Vl.
Vla.
Vc. e B.
scen
do
f
cresc.
Tutti
500
Fl.
Cl.
Fg.
Tbe. (D)
Timp.
ff

Fl.
Ob.
Cl.
Fg.
Cor. (D)
Tbe. (D)
Timp.
Vl. pr.
Vl.
Vla.
Vc. e B.
a 2
sf

Fl.
Ob.
Cl.
Fg.
Cor. (D)
Tbe. (D)
Timp.
Vl. pr.
Vl.
Vla.
Vc. e B.

510
Solo
Fl.
Ob.
Cl.
Fg.
Cor. (D)
Tbe. (D)
Timp.
Vl. pr.
Vl.
Vla.
Vc. e B.
ff
tr
sul D e G
dolce
pizz.
p

520
Ob.
Fg
Cor.
(D)
Vl. pr.
Vl.
Vla.
Vc.
B.
1.
pp
dimin.
arco
Fg.
Vl. pr.
Vl.
Vla.
arco
Vc.
pp
B.

530
Fg.
Vl. pr.
Vl.
Vla.
Vc.
B.
cresc.
Fl.
Ob.
Cl.
Fg.
Cor. (D)
Tbe. (D)
Timp.
Vl. pr.
Vl.
Vla.
Vc.
B.
f
ff

Larghetto **II.**

Cl.
Vl. pr.
ad lib.
ten.
ten.
Vl.
Vla.
p
20
Fg.
1.
p dolce
6
pizz.
Vc.
B.

Fg.
Vl. pr.
Vl.
Vla.
Vc.
B.
Fg.
Vl. pr.
Vl.
Vla.
Vc.
B.

Fg.
cresc.
Vl. pr.
cresc.
Vl.
cresc.
cresc.
Vla.
cresc.
Vc.
cresc.
B.
cresc.
30
Tutti
Cl.
Fg.
Cor. (G)
Vl. pr.
6
ff
Vl.
arco
arco
Vla.
Vc. e B.
arco
f

Cl.
Fg.
Cor. (G)
Vl.
Vla.
Vc. e B.
a 2
40
Solo
Vl. pr.
dolce
p

Cl.
Fg.
Vl. pr.
dimin.
Vl.
Vla.
Vc. e B.
sul G e D
cantabile
pp
50
tr
cresc.
pizz.

60
Vl. pr.
sempre perdendosi
Vl.
sempre perdendosi
sempre perdendosi
pizz.
Vla.
sempre perdendosi
pizz.
Vc. e B.
sempre perdendosi
Cor. (G)
pp
Vl. pr.
pp
arco
Vl.
pp
arco
pp
arco
Vla.
pp
arco
Vc. e B.
pp
pp
Cor. (G)
cresc.
p
Vl. pr.
Vl.
cresc.
p
cresc.
p
Vla.
cresc.
p
Vc. e B.
cresc.
p

70
Cl.
Fg.
pp
pp
Vl. pr.
cantabile
Cl.
Fg.
Vl. pr.
tr
Cl.
a 2
Fg.
80
Cor. (G)
pp
Vl. pr.
tr
tr
tr
Vl.
Vla.
Vc. e B.

Cor. (G)
Vl. pr.
Vl.
Vla.
Vc. e B.
12
con sord.
dimin.
ppp
Tutti
90
Solo
Cadenza ad lib.
senza sord.
senza sord.
Attacca subito il Rondo

III.

Rondo
Solo
Flauto
2 Oboi
2 Clarinetti in A
2 Fagotti
2 Corni in D
2 Trombe in D
Timpani in D-A
Violino principale
sul G
tr
Violino I
Violino II
Viola
Violoncello e Basso
Vc.
Tutti
10
Solo
Ob.
Cor. (D)
Vl. pr.
ten.
delicatamente
Vl.
Vla.
Vc. e B.

Vl. pr.
Vl.
Tutti
20
Fl.
Ob.
Cl.
Fg.
Cor. (D)
Tbe. (D)
Timp.
Vl.
Vla.
Vc. e B.
Vc.
ten.
tr
a 2

30
Fl.
Ob.
Cl.
Fg.
Cor. (D)
Tbe. (D)
Timp.
Vl.
Vla.
Vc. e B.
ten.
a 2
sf

701

50
Ob.
Cl.
Fg.
Vl.pr.
Vl.
Vc. e B.
Tutti
Ob.
Cl.
Fg.
Vl. pr.
Vl.
Vla.
Vc. e B.

60
Solo
Tutti
Solo
Fl.
Ob.
Cl.
zu 2
Fg.
zu 2
Cor. (D)
zu 2
Tbe. (D)
Timp.
Vl. pr.
Vl.
Vla.
Vc.
B.
Fg.
1.
70
Cor. (D)
Vl. pr.
Vl.
Vla.
Vc.
B.

Fg.
1.
p
cresc.
2.
Cor. (D)
Vl. pr.
cresc.
Vl.
cresc.
Vla.
cresc.
Vc. e B.
cresc.
Fl.
p
Ob.
p
Cl.
p
Fg.
f
p
cresc.
Vl. pr.
f
p
cresc.
Vl.
f
p cresc.
f
p cresc.
Vla.
f
p cresc.
Vc. e B.
f
p cresc.

80
Fl.
Ob.
Cl.
Fg.
Vl.pr.
Vl.
Vla.
Vc.
e B.
ten.

Fl.
Ob.
Fg.
Vl. pr.
Vl.
Vla.
Vc. e B.
90
perdendosi
perdendosi
Sul G
ten.
Vc.
100
Tutti
Solo
Cor. (D)
delicatamente

110
Tutti
Ob.
Cor. (D)
Vl. pr.
Vl.
Vla.
Vc.
Fl.
Cl.
Fg.
Tbe. (D)
Timp.
Vc. e B.
tr
ten.
a 2
ff
p

120
Solo
Fl.
Ob.
a 2
Cl.
a 2
Fg.
a 2
Cor.
(D)
Tbe.
(D)
Timp.
Vl. pr.
Vl.
p
Vla.
p
Vc.
e B.
dim.
p
dolce
130
p
p
p
p

Fg.
Vl. pr.
Vl.
Vla.
Vc. e B.
1.
dolce
pizz.
140
arco

Fg.
Vl. pr.
Vl.
Vla.
Vc.
B.
150
1.
p dolce
cresc.
p
pizz.
arco
dim.
160
Vc. e B.

Ob.
p dim.
Cor. (D)
pp
Vl. pr.
Vl.
Vla.
Vc. e B.
Ob.
pp
cresc.
Fg.
pp
cresc.
Cor. (D)
Vl. pr.
pp
cresc.
Vl.
pp
cresc.
pp
cresc.
Vla.
pp
cresc.
Vc. e B.
pp
cresc.

170
Ob.
Fg.
Cor. (D)
Vl. pr.
Vl.
Vla.
Vc. e B.
cresc.
Vl. pr.
Vc.
Sul G
180
Tutti
Solo
Ob.
Cor. (D)
Vl. pr.
Vl.
Vla.
Vc.
Vc. e B.
ten.
delicatamente
Vl. pr.
Vl.

190
Tutti
Ob.
Cl.
Fg.
Cor. (D)
Tbe. (D)
Timp.
Vl. pr.
Vl.
Vla.
Vc. e B.
a 2
ten.
Vc.
Fl.
Ob.
Cl.
Fg.
Cor. (D)
Tbe. (D)
Timp.
Vl.
Vla.
Vc. e B.
tr
ten.
a 2

200
Fl.
Ob.
Cl.
Fg.
Cor. (D)
Tbe. (D)
Timp.
Vl.
Vla.
Vc. e B.
a 2
a 2
sf
210
Fl.
Ob.
Cl.
Fg.
Cor. (D)
Tbe. (D)
Timp.
Vl.
Vla.
Vc.
B.
a 2
a 2
tr
sf

Fl.
Ob.
Cl.
Fg.
Cor. (D)
Tbe. (D)
Timp.
Vl. pr.
Vl.
Vla.
Vc.
B.
Solo
pizz.
arco
dim.
p
sf
220
1.
Vc. e B.

Ob.
Cl.
Fg.
Cor. (D)
Vl. pr.
Vl.
Vc. e B.
230
Tutti
Vla.

Solo
Tutti
Solo
Fl.
Ob.
Cl.
Fg.
Cor. (D)
Tbe. (D)
Timp.
Vl.pr.
Vl.
Vla.
Vc. e B.
Vc.
240
Fg.
Cor. (D)
Vl.pr.
Vl.
Vla.
Vc. e B

Fg.
Cor. (D)
Vl. pr.
Vl.
Vla.
Vc. e B.
cresc.
250
Fl.
Ob.
Cl.
Fg.
Vl. pr.
Vl.
Vla.
Vc. e B.
p
f
p cresc.

Fl.
Ob.
Cl.
Fg.
Vl.pr.
Vl.
Vla.
Vc. e B.
1.
Vc.
260
Bassi

Ob.
Cl.
Fg.
Vl.pr.
Vl.
Vla.
Vc. e B.
1.
dimin.
Cor. (D)
pp
tr

270
Tutti
a 2
Ob.
Cl.
Fg.
Cor. (D)
Vl.pr.
Vl.II.
Vla.
Vc. e B.
cresc.
a 2
Vc.
Fl.
Ob.
Cl.
Fg.
Cor. (D)
Tbe. (D)
Timp.
Vl.pr.
Vl.
Vla.
Vc. e B.
Cadenza
Bassi

280
Solo
Vl.pr.
Vc. e B.
f
dimin.
p
290
più p
pp
Vl.
p sempre più p
sempre pp
Ob.
Fg.
Vla.
300

Ob.
Fg.
Vl.pr.
Vl.
Vla.
Vc. e B.
310
1.
Cor. (D)
ppp
pp
tr

320
Ob.
Cl.
Fg.
Cor. (D)
Vl.pr.
Vl.
Vla.
Vc. e B.
Fl.
pp
p
1.
pizz.
arco
p cresc.
cresc.

Tutti
330
Fl.
Ob.
Cl.
Fg.
a 2
Cor. (D)
Tbe. (D)
p cresc.
Timp.
tr
p cresc.
ff
Vl.pr.
sempre f
Vl.
Vla.
Vc. e B.

Fl.
Ob.
Cl.
Fg.
a2
Cor. (D)
Tbe. (D)
Timp.
tr
Vl.pr.
Vl.
Vla.
Vc. e B.

Fl.
Ob.
Cl.
Fg.
Cor. (D)
Tbe. (D)
tr
Timp.
Vl.pr.
Vl.
Vla.
Vc. e B.

340
Fl.
Ob.
Cl.
a 2
Fg.
Cor. (D)
Tbe. (D)
Timp.
l.pr.
Vl.
Vla.
Vc. e B.
ff
sf

Fl.
Ob.
Cl.
Fg.
Cor. (D)
Tbè. (D)
Timp.
Vl. pr.
Vl.
Vla.
Vc. e B.
ff
sf
p

350
Fl.
p
ff
dimin.
p perdendosi
Ob.
a 2
p perdend.
Cl.
Fg.
Cor. (D)
Tbe. (D)
Timp.
tr
Vl.pr.
Vl.
Vla.
Vc. e B.
p perdendosi

360
Fl.
Ob.
Cl.
Fg.
Cor. (D)
Tbe. (D)
Timp.
Vl.pr.
Vl.
Vla.
Vc. e B.
pp
ff

Anhang

Beethovens Kadenzen zu seinem op. 61 in der Fassung als Klavierkonzert

I. Satz

5
6
(6)

3
3
5
8
Marcia
Più vivace
p
cresc.
Timpani
p
f
f
p
cresc.

f (f)
p
(♮)
2a volta
dim.
fz
f
f
2a volta
dim.
Meno allegro
(3)
(6)
ff
Ped.
3
cresc.
f

senza tempo
(3)
(6)
(Ped.
(6)

(6)
8
8
Ped.
8

Presto, a tempo
8
Timp.
p

p
p
pp
tr
tr

Tempo I
7
7
p
Ped.
Ped.

8
tr
Timp.

II. Satz

a)

(8)
3
3
8
3

b)

III. Satz

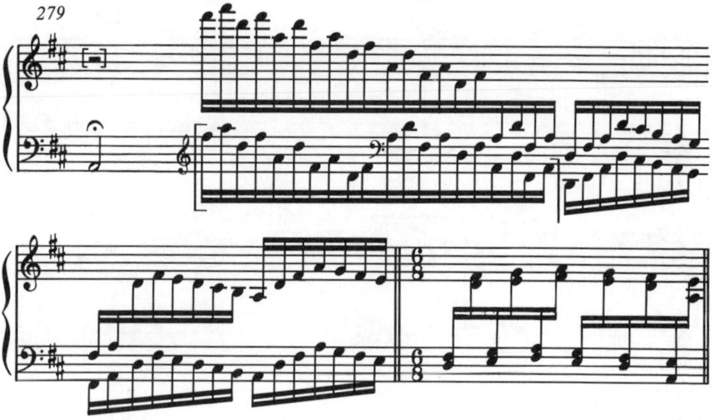

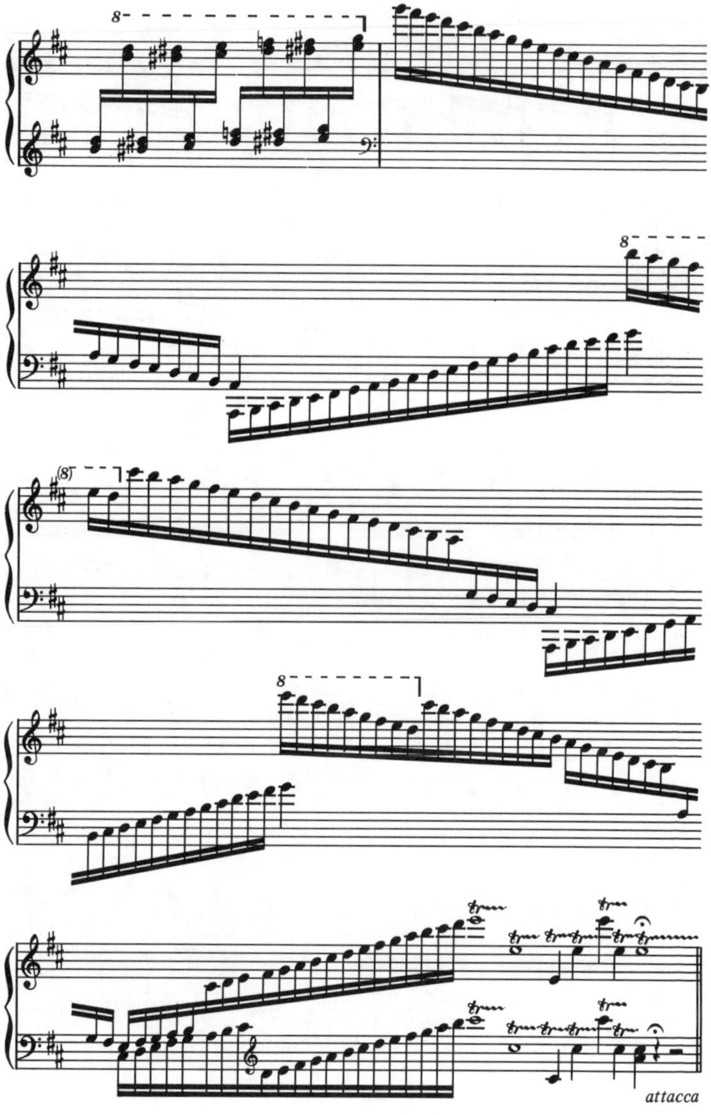

8
8
(8)
8
attacca